心理學叢書

生涯發展與規劃

——為職涯發展做準備

Career Development and the Work Ethics

王淑俐◎著

（4th Edition）

四版序

這是一本讓學生（高中生、大學生、研究生）從學校畢業後，能夠「獨立生活」與「職業準備」的教科書。生涯與職涯若能及早開始規劃，「凡事豫則立，不豫則廢」，機會就會留給已經準備好的人。不論職場上的加薪或升遷、個人生活品質的提高兩方面，成功機率都較高。即使「失敗」，也在先前的「預備期」範圍內，是成功的最佳養分與經驗。跌倒了再爬起來，累了先休息一下，而不會半途而廢、自暴自棄。

其實，本書所說的各項「生涯發展與規劃」能力，如：找到自己的興趣與天賦、工作的創新、學習意願與可塑性、抗壓性與情緒管理、溝通協調與團隊合作、跨領域並融會貫通、求職及面試準備、職場倫理、工作的道德戒律與品格修養、人事倫理與服務倫理等，都是「高級本領」，並非那麼容易能一學就會、一蹴可幾。是要從小到大、經年累月的磨練與累積，包括學校教育、家庭教育以及到職場實習與在職進修。所以現在不懂或沒學到都很正常，不必心急與自責。

這門課得幾分也不太重要，高分代表你書讀得不錯、團體報告有模有樣，只能說你「知道很多」也說得「頭頭是道」，但不保證將來一定就業順利，能夠貢獻社會。職場上還有許多問題與挑戰，考試高手也應付不來。謙虛與低調，恐怕才是最佳的應變之道。

職場如戰場、伴君如伴虎，「生涯發展與規劃」這門課可幫助你找到較佳方法，使人生更有意義與自我滿意。但是工作上的困難永遠存在，外在人事物的變化也無法預測與掌握，總之是「學無止境」的。建議你千萬不要如某廣告詞所說：「我是從當爸爸以後，才學著當爸爸的」，還是要像社團辦活動或旅行社的導遊，先進行詳細的場勘，並有細部及完整的行程規劃，避免發生意料之外、措手不及的壞事。

　　時間愈來愈少了，該好好把握。「時過而後學，雖勤苦而難成」，所以要早點開始生涯規劃，及早改進自己的問題。年輕時臉皮較厚，也較沒有面子問題。孔子一輩子都好學不輟，只敢說70歲以後才可能「從心所欲不踰矩」。而你們（及70歲以下的我們）還年輕，要學習的事情還很多，快點專心上課，並且將知識化為實踐行動。

王淑俐 謹識

2019/11/24

目　錄

Chapter 1

學歷等於工作機會？

問題如何解決？

大一的阿銘：

目前所讀的科系雖然能銜接高職時的專業，但發現自己卻愈來愈提不起勁，每天都不想上課，覺得在浪費時間。但又不確定自己真正喜歡什麼，好煩啊！好想逃開！也許最好的方式是先休學去工作，再看看下一步怎麼走！

大二的阿如：

當初進入商學院，只是對外語有興趣，又不想讀外文系。因為家裡有經商的背景，所以兼修語言和商業。但讀了一年後發現，商學院的課程並不吸引我，加上我的數學向來不好，有些課程應付不來，過得很不快樂！

大三的小葳：

從小我就不喜歡讀書，但如今大家都有大學文憑，我只好繼續升學，這樣可能比較好找工作吧！其實家裡沒給我經濟壓力，不急著要我就業。但正因如此，我更擔心自己的笨手笨腳，無法應付未來職場的要求。

大四的哲思：

我的大學是許多人眼中的「名校」，但即將畢業的我卻開始恐慌。因為別的科系都有企業實習，文史哲科系幾乎沒有。說真的，我不知道自己能找什麼工作，對於「職場」的概念也感覺很模糊。

第一節　學歷與就業

大學是職業補習班嗎？這個問題一直有爭議。但大學畢業後需要就業、經濟獨立，卻是大多數人必須面對的現實。如果已發現就讀的科系與興趣不合，要轉系或重考嗎？若轉不成或重考落榜該怎麼辦？因個性優柔寡斷、父母不同意、經濟條件不允許等，以致無法果斷做出正確的「生涯抉擇」時，又該怎麼辦？

從國小開始，我們就面臨「志願、夢想、未來」這類生涯規劃的問題。但生涯方向的選擇或轉換並不簡單，須弄清楚嚮往行業需要的條件、評估自己成功的機率、詢問師長及有成功經驗的人，才會有較佳的生涯規劃。

如果覺得茫然而決定先休學，仍須擬定「休學生活與工作計畫」，給你的家人、師長、朋友看看，聽聽他們各方面的意見。而且要先自我提醒：不可過度樂觀，還是要對休學後的不利狀況預作準備。

18歲以前煩惱如何考上好大學，18歲起對生涯發展與職業準備，就要有更多思考、學習與成長的空間。

一、職場需要什麼人才？

大學學測、指考放榜後，媒體不免報導考進台大、清大、交大、台科大等優良學生的事蹟。因為社會常以考試分數衡量是否優秀，各大學也祭出高額獎學金搶高分的學生。

鄰近的香港也提供全額獎學金加入搶學生大戰，除了中英語雙語教學，也很重視學生的職涯發展。大一就有機會和職場接觸，暑假時安排各類實習，大三就可以兼職工作，因而吸走不少台灣的高分學生。

「名校」出身雖是吸引人，但接下來的職涯發展仍取決於工作態度

與技能。*Cheers*雜誌至2019年止已連續二十三年獨家調查「企業最愛大學生」排行榜，具體的指標不只是專業知識與技術，還包括：穩定度與抗壓性、解決問題、人際溝通與團隊合作、學習意願及可塑性、國際觀與外語、創新、跨領域並融會貫通、數位應用等共九個項目。

商務社群網站LinkedIn歸納（楊竣傑，2019，頁29）：2019年最搶手10大硬實力、5大軟實力如下：

1.硬實力：雲端計算、AI（人工智慧）、分析推理、人員管理、UX（使用者體驗設計）、行動應用程序開發、影音製作、行銷領導、翻譯、音頻製作。

2.軟實力：創造力、說服力、協作力、適應力、時間管理。

現今職場會期待員工具備什麼能力呢（林徐秀清，2014，頁60-61）？包括：分析能力、因事制宜、負責任、社交能力、正能量、道德戒律、國際視野。例如擔任業務行銷人員絕非只需要溝通能力，也得有耐心、善於計畫（創意與分析），並擋得住業績的壓力。

其實不論是否為名校畢業，工作升遷的關鍵不在於進入職場時能否立即上手，而在「自學的本事」。學校教的永遠趕不上科技發展帶來的工作轉變、產業轉換，名校畢業生也許在本職學能上技高一籌，但是否虛心及用心學習，就與畢業的學校無關。

自學的本事──自學力

在如今廣設大學的情況下，不免產生「學歷貶值」的現象。再加上「人工智慧」與「機器人」的興起，若自己沒有「實力」，很難在職場生存，更遑論成功！

*Cheers*雜誌在2019年8月號（158期）提出，要在上述局面不被淘汰，

甚至升遷得比別人快，唯一答案是「自學力」，也就是「能不斷自我增加本事的本事。」

自學的英文是self-teaching──自教，比起被動擔任學生或等待老師出現，關鍵在於能主動搜尋工具、運用資源，來教會自己（頁41）。這一期雜誌也舉了不少例子證明，非本科系畢業，照樣可以成為達人。

但自學時，要小心踩到五大地雷，否則仍會失敗。破解之道如下：

1.不清楚學習進度：不要單打獨鬥，最好找到夥伴。

2.學了不知有何用途：自學一定要找到目標，問自己為什要學，再來規劃與安排。

3.缺乏紀律：自學要選擇適合的場域，不要太放鬆，最好有目標及時間之規劃。

4.懶惰成性：除了設定學習章節的期限，最好能共組學習小組。

5.半途而廢：最好有實質的學習記錄，才能像搭鷹架般，一直往上進步（頁60-61）。

讀大學的意義是什麼？台積電前董事長張忠謀說（陶曉嫚，2012）：「讀大學是為了獲得好奇心、養成終身學習的習慣。」張忠謀知道現今的社會價值觀仍以「考上好大學」為主，但台灣的大學很多，有意願就可以拿到學位。得到知識不一定就能找到工作，不少人因為「學非所用」而深感挫折。

名校畢業就等於優秀嗎？潤泰集團總裁尹衍樑說（周啟東、黃玉禎，2009）：「我所用的人，就是要有良好的態度、願意學習，能為企業解決問題。」尹衍樑認為「態度是命運的代名詞」，而非讀哪個大學。他發現：「越好的學校陣亡率越高」，因為「學問太高、自視甚高、不能向別人低頭」。潤泰集團不以文憑選人，怕會因此錯失人才。潤泰很多副總

經理、總經理甚至沒有大學學歷，但能力、態度、奉獻精神，一點也不輸給博士生。

神醫扁鵲指出有六種人「無藥可救」，第一就是「驕傲任性，不講道理」（「故病有六不治：驕恣不論於理，一不治也。」《史記‧扁鵲倉公列傳》）。所以，縱然很有才幹，但驕傲任性時，也是「無藥可救」，無法成為有用的人才。

二、建立自信，隨機補正

生涯或職涯失敗的另一原因是「自信不足」，容易為失敗找藉口，無法擺脫失敗者的心理陰影！如何自我提升，去除被歧視的自卑心態呢？看看下面這則案例：

看看別人，想想自己

進入這所學校任教後才發現，所有老師當中，「只有我」是畢業於私立大學。無論認識與否的同事，都有意無意地在我身上「貼標籤」。

有一回，與某位同事一起擔任某大學研究所考試的監考人員，期間同事不斷批評考生：「這麼簡單的題目都不會，都是一群私立大學的飯桶。」

有些同事甚至當著我的面說：「你看，現在隨便哪個私立大學畢業的人，都可以『濫竽充數』到我們學校教書了。不像以前都是N大畢業，才可能錄取。」

唉！這些例子不勝枚舉，但我相信只要自己有突出的表現，別人就

不會再看不起我。老天彷彿看到我的努力，讓我得獎不斷，才終於獲得別人的「另眼相看」。

我有位好朋友也有類似的遭遇，只是他不敢公開自己私立大學畢業的身分。直到有一天，他因為獲獎而登上報紙的頭條時，大家才覺察到自己對私立大學畢業生的歧視。

所以我要告訴所有就讀私立大學的學弟妹們：「唯有不斷提升自己，別人才可能忘記你的出身，不再欺負你。」

私立大學畢業的人，就要承受上述「莫須有」的委屈嗎？當然不是，只要你能發揮「實力」，就能封住這些不成熟的歧視。

最初謀職，公司可能會注意你是哪所大學畢業的。但等到你有穩定的工作表現後，就不會有人再問你。能力絕不僅是書本的理論，事業成功的人都善於觀察、思考與學習。反之，窮人懶得思考、學習與觀察，……他們向來就認為知識來源於課本、教室、補習班。……事實上，一切的機遇都來自於自己的觀察、思考和發現，這種能力課堂上不會有，老師也不會教。」（張禮文，2005，頁155-156）

三、從「憂心」到「創新」

《聯合報》自2008年起仿，效日本「今年的漢字」，於年底對民眾徵集、選出一個代表性漢字，表現該年的社會面貌與心靈風景。好幾年台灣的年度的代表字均屬負面字眼，如：

2008「亂」：金融海嘯、國際油價上漲。

2012「憂」：末日預言、歐債危機、薪資倒退、物價上揚。

2013「假」：香精麵包及假油等食安事件。

2014「黑」：黑心油品、黑心食品等事件。

2016「苦」：多個颱風侵襲；整體經濟狀況未好轉且兩岸關係急凍。

2017「茫」：氣候變遷；台灣未來發展茫然。

2012年「華人經濟領袖獎」台灣唯一的得主——遠東集團董事長徐旭東在得獎時說（徐旭東，2012）：「衷心期盼這懷『憂』之年，激勵台灣逆『轉』勝，真正邁向下一個黃金十年！」徐旭東引用策略大師哈默爾（Gary Hamel）的著作《現在，什麼才重要？決定未來贏家的五大關鍵》（天下雜誌，2012），鼓勵大家從憂慮中找到轉變契機，如：

1.調適應變（adaptability）：巨變的世界中，調適力遠比策略更具急迫性。

2.創新（innovation）：從科技島到知識島、服務島，創新的經濟模式是什麼？

3.官僚思維（ideology）：行政機關應勇於擔當，儘速帶領企業回歸正常發展。

4.價值（value）：民主是台灣最自豪的價值，尊重個人意志更須彰顯民主。

5.熱情（passion）：用創新、應變打破意識形態，找回全民愛台灣的熱情！

張忠謀認為「知識經濟時代，把創新化為經濟效益才是贏家」（陶曉嫚，2012）。光有知識無法獲利，要懂得轉知識為經濟。

何謂「知識經濟」（knowledge economy）？經濟合作暨發展組織（Organization for Economic Co-operation and Development, OECD）於1996年將之定義為「擁有、分配、生產和著重使用知識的新經濟模式」。「亞太經濟合作」（Asia-Pacific Economic Cooperation, APEC）於2000年將「知識經濟」定義為：「在經濟體系中，知識的創造、傳播與運用，是

促進所有產業成長、財富累積與創造就業的主要動力。」

　讀大學或取得高學歷,不應是為了文憑,更是要擁有「創造知識和應用知識的能力與效率」。

現今職場需要的能力或態度而言,由低至高以**1-10分**來自評,下列九項你各得幾分?並想想原因。

1.專業知識與技術(　　)分

2.穩定度與抗壓性(　　)分

3.解決問題(　　)分

4.人際溝通與團隊合作(　　)分

5.學習意願及可塑性(　　)分

6.國際觀與外語(　　)分

7.創新(　　)分

8.跨領域並融會貫通(　　)分

9.數位應用(　　)分

較強及較弱的三項為何?要如何展現自我風格以補救目前較弱的部分?

第二節　預防失業

　國際勞工組織(ILO)發布「2012年全球青年就業趨勢」報告當中指出(馮克芸,2012):2011年全球青年失業率高達12.6%(「青年」指15～24歲),有近七千五百萬青年待業。歐盟平均五人就有一人失業,西班

牙青年的失業率更高達46.4%。經濟最活躍的亞洲,青年的失業率也是成年人的2.8倍。許多人雖擁有專業技能,卻被迫從事兼職或無需技術的工作。有六百多萬名青年放棄工作,成為不升學、不就業也不接受訓練的「尼特族」(NEET),這是世界各國社會經濟的重大隱憂。

國際勞工組織在《2017年全球青年就業趨勢報告——通向更好工作未來的路徑》(*Global Employment Trends for Youth 2017 -- Paths to a Better Working Future*)當中指出:儘管全球經濟溫和復甦,青年失業率仍居高不下,就業情況令人擔憂。青年勞動參與率急劇下降的原因,不僅是受教育程度的問題。2016年,全球青年的失業率達13.0%,2017年小幅上升至13.1%,2018年的情況也不樂觀。

一、失業與低薪

以我國來說,依據主計總處統計,民國107年的失業率如下:

年度	平均失業率	教育程度			年齡		
		高中(職)	專科及大學	研究所	20-24	25-29	30-39
民國107年	3.71%	3.6%	7.82%	2.91%	11.98%	6.37%	6.76%

因為經濟不景氣,造成許多在職者被裁員或者放無薪假,導致青年就業時的競爭對象,多出了「中高齡者」、「失業者」、「二度就業者」等。

「薪資」部分,依勞委會統計,大學畢業生「起薪」從民國92年26,096元,至民國100年26,577元,增加不到500元。與民國89年最高起薪28,016元相比,十多年來的薪資「不升反降」。

民國102年時,教育部推估博士、碩士、大學及專科畢業後第一年的月薪是6.9萬元、5.2萬元、2.6萬元及2.7萬元,但勞動部的推估僅5.8萬

元、3.9萬元、2.6萬元及2.7萬元。

　　勞動部調查顯示，2017年初任人員每人每月經常性薪資平均27,055元，較前一年增加332元，年增1.24%。若按教育程度觀察，「研究所以上」起薪33,633元最高，成長0.96%；其次為大學畢業起薪28,446元，成長1.17%。

二、失業原因

　　大學剛畢業時，若就要求較高的勞動條件（薪資水準、員工福利等），卻忽略自己的弱勢——實務經驗不足、太常轉換工作，就容易造成「高學歷、高失業率」的惡性循環。所以社會新鮮人應避免「眼高手低」，或過度挑剔工作環境、職務內容。在「薪資滿意度」與「工作成就感」之間，應更謹慎衡量得失。

　　尹衍樑建議：第一份工作即使薪水少，也要全力以赴。工作就是機遇，機遇就是福氣來源。只要勤奮、態度好，機遇就會變成機會。天底下沒有卑賤的工作，只有卑賤的人格。有些人雖然學歷高，但從小沒做家事或打工，甚至養尊處優、不懂得體恤別人，就不是企業所需要勤奮、態度良好的人才（周啟東、黃玉禎，2009）。

　　企業為了降低教育訓練成本，不願僱用沒有工作經驗的社會新鮮人。因此大學生於求學階段應設法爭取「企業實習」的機會，才能跨過「沒有工作經驗」的門檻，縮短求職時間。

　　若能具備下列條件或能力，更有助於就業。所以，要把握求學期間提早準備。

　　1.證照：參加國家級或專業機構的考試，以取得工作所需的相關證照（國際級證照更佳）。或者語言能力的檢定（例如：多益、英檢），以提升與證明自己的外語能力。

2.溝通與管理能力：盡可能多培養溝通、合作與領導的「軟實力」，在大學階段多選修相關課程及參加相關社團或比賽，以免書到用時方恨少。

3.企業實習：參加學校的建教合作，或直接到企業、機構實習，以增加實作經驗，印證書本的理論。並藉此修正對某些行業的想像，確定自己是否適合某些行業或補充自己在該行業欠缺的能力。

4.抗壓與危機處理能力：藉由打工（含遊學打工）、社團（含國際性社團）、志工（含國際志工）等的多方「歷練」，學習如何克服挫折與壓力，增進問題解決能力。

5.具備第二、三專長：若就讀的科系較無具體專長，容易被取代。加上現今職場需要「科際整合」能力，也有必要培養第二、三專長。

許多人在大學時期「茫然」度過，等到謀職時才「病急亂投醫」。有些人花許多時間及金錢考研究所或公職人員，考上後才發現不適合自己或考了多年無法上榜。也有些人衝勁十足的「創業」，但因對「市場」不熟悉而失敗。再有些人只要不喜歡就換工作，最後不僅愈換愈糟、一事無成，更可惜了寶貴的時間。

活動 1-2

「從小沒做過家事或打工，甚至養尊處優、不懂得體恤別人」等狀況，就不是企業所需勤奮、態度良好的人才。關於此點，你的覺察與觀點為何？

 第三節　積極的生涯規劃

升學或求職的口試時，常會被問下列「生涯規劃」的問題，如：「你希望自己十年後是什麼樣子？」、「你覺得自己五年後在職場上有何表現與成就？」、「誰是你的職涯楷模？」、「求學或職場進修的計畫為何？」。

一、我的人生，由誰導演？

李開復（2006a）在《做最好的自己》一書中提到「成功的同心圓」包含三個圈，最內圈的是「價值觀」——道德、誠信、責任；第二圈是「態度」——積極、同理心、自信、自省、勇氣、胸懷；最外圈是「行為」——追尋理想、發現興趣、有效執行、努力學習、人際交流、合作溝通。

為什麼價值觀是成功的「核心」？李開復說：「一個人是否成功，首先要看他是否擁有正確的價值觀。」例如「誠信」，有了誠信才能不讓自己失望，並贏得別人的信賴與尊重。如果不誠實、不守信用，別人就會躲開你，以免自己吃虧上當。

大學階段要培養正確的價值觀、態度與行為，也就是積極的生涯規劃。何謂生涯（career）？依《辭海》（2000，頁3028）解釋：

1.個人所遺傳的外形、聰明才智、個性修為等的限度（生命的限際）。
2.人之生活（生活）。
3.謀生之行業（生計）。

綜合來說，生涯規劃（career planning）是：「瞭解及運用自己的內外在條件，選擇及發展最適合自己的謀生行業。」

舒波（Super, 1976）認為，「生涯」不只是職業，還包括一生所扮演的角色，包括：兒女、學生、休閒者、公民、工作者、配偶、家長、父母、退休者等。完整的生涯概念，應從狹義的「工作」層面，擴展到廣義的「生活」層面，如：心靈、健康、家人關係、人脈、經濟條件、事業、休閒、終生學習等。

生涯規劃要兼顧生活全部的面向，以免顧此失彼、得不償失。要能覺察自己是否正虛度光陰，力求「活在當下」。

同名電影的《深夜加油站遇見蘇格拉底》一書，丹尼就讀名校（加州柏克萊大學），他是體操明星，能力優於其他隊員，但卻整日患得患失。有一次失眠的夜裡，他在外面閒晃時遇到一位年老的加油站員工。因為老人的言語像是生命意義的探索，所以丹尼稱他為「蘇格拉底」，從此老人帶著他展開一場生命探索之旅。

後來丹尼遭遇一場重大車禍而斷了腿，運動生涯被迫結束，十分地沮喪。在蘇格拉底的引導下，丹尼終於破除心中陰影而繼續參加比賽。但此時的出賽不再為了得獎，而是真正的快樂。丹尼終於領悟，人生最重要的是「此時此刻」（here and now）與「把握當下」（this moment）。

許多人如同丹尼，也對生命常感困惑，卻不一定能遇到「蘇格拉底」，於是茫茫然「日復一日」，變成孔子所說「無所事事」、生活沒有意義的人（「飽食終日，無所用心，難矣哉！」《論語‧陽貨篇》），好可惜！

二、個人優勢與生涯發展

「優勢」是指個人天生較強的部分，簡稱天賦。天賦加上努力就是個人最容易成功的途徑，包括職業選擇。1983年美國哈佛大學心理學教授哈沃德‧迦納（Howard Gardner）提出了「多元智能理論」（Theory of

Multiple Intelligences, MI），將人類智慧分為七種：

1. 語言智能（linguistic intelligence）：能有效運用語言或文字，如：詩人、作家、教師、政治家等。
2. 數學／邏輯智能（logical-mathematical intelligence）：能有效應用數字和推理，如：電腦工程師、會計師、科學研究工作者等。
3. 空間智能（spatial intelligence）：能準確感覺視覺空間，並把知覺表現出來，如：攝影家、建築師、工業設計師等。
4. 身體動覺智能（bodily-kinesthetic intelligence）：善於運用身體來表達想法和感覺，以雙手來生產或改造事物，如：舞蹈家、運動員、演員等。
5. 音樂智能（musical intelligence）：能辨別、改變和表達音樂，如：歌唱家、演奏家等。
6. 人際（知人）智能（interpersonal intelligence）：能察覺他人情緒、動機、情感，如：業務員、政治家、教師等。
7. 內省（知己）智能（intrapersonal intelligence）：擁有自知之明，並據此表現適當的行為，如：精神科醫師、哲學家、精神領袖。

1995年，迦納增加第八種智能——自然觀察智慧（naturalist intelligence），指對各類事物分辨觀察及獲得產出的能力，如：生物學家、考古學家等；以及第九種智能——存在智能（existential intelligence），指瞭解人生的意義，能掌握生命的價值，如：哲學家、宗教家等。

「多元智能理論」採用多元的途徑，找出每個人與生俱來的獨特性與強項。應從個人優勢來規劃生涯發展，而且優勢往往不限於一項；融合幾種優勢智慧後，職業生涯將更多采多姿。國內已有「多元智能量表」中文版本（台灣師範大學名譽教授吳武典博士編製，心理出版社發行），可協助準確瞭解個人的九項智能狀況，找出個人優勢。

三、生涯規劃的實作

生涯規劃的價值在於依據個人先天優勢，好好思索、決定自己的人生目標，避免盲目摸索而浪費時間。具體做法為：

1. 瞭解自己：個人條件如何（外表、天賦、家庭背景、學歷、能力、人格特質、人際關係）？個人目標與職場現況的搭配如何（社會發展趨勢、職業結構與需求）？

2. 設定目標：設定近程、中程及長程目標，可從中程目標開始。例如大學一、二年級的重心在瞭解所讀的科系，思考要否轉系或修讀輔系雙學位，參加社團及擔任幹部。大三、大四的重心在準備專業證照、外語能力、研究所、就業考試，實習與打工、人脈建立、管理與溝通能力培養、學習時間管理技巧等。設定目標除了重要性，還要考量可行性。短程目標是中程目標的具體行動，長程目標則是自己十年後想要成為的樣子。若不想目標變成幻想、空想，就要把它文字化，這樣更能激發勇氣與動力。

3. 參考別人的經驗：多看、多聽、多想，不論是名人或家人、師長、學長、朋友的經驗，對自己都是很好的激勵，可作為修正自己生涯目標的「參考」。

4. 自我鼓舞：實現目標的過程中，難免遭遇挫敗或考慮放棄。此時要考慮：是否目標太大或不適合自己？失敗是件壞事嗎？如何重建信心、找回動力？如何與志同道合或良師益友一起克服困難？

寫下自己長程、中程、短程的「生涯目標」各五項：

1.長程（十年內）目標

    (1)

    (2)

    (3)

    (4)

    (5)

2.中程（三至五年內）目標

    (1)

    (2)

    (3)

    (4)

    (5)

3.短程（一年內）目標

    (1)

    (2)

    (3)

    (4)

    (5)

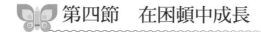

第四節　在困頓中成長

　　有人覺得就算有了「生涯規劃」，也不一定會成功，因為計畫永遠趕不上變化。但《孫子兵法》說：「計畫愈完備，成功機率愈高；計畫不夠周延，則較不容易成功。有了計畫，還不一定會成功，何況沒有計畫？」（「多算勝，少算不勝，而況於無算乎？」《孫子兵法·始計篇》）

　　執行生涯規劃的過程中縱有失敗、沮喪，也要堅定信心、設法突破。以潤泰集團總裁尹衍樑為例，在他14到16歲多，被父親送進彰化進德中學「管訓班」住校。後來考上成功高中夜間部，之後再考入中國文化大學史學系。出社會後，很多人認為「這小子是流氓出身」，於是他決定更加奮發，證明他們看錯人了（周啟東、黃玉禎，2009）。

　　尹衍樑第一次考台大研究所時落榜（分數差很多），經過一年努力（包括去旁聽）後再考錄取。過程中充滿了挫折，幾乎使他喪失信心。但即使他考上台大，也念得非常辛苦，剛開始連財務報表都看不懂。1986年，他獲得政大企管博士學位（也是重考上榜），其後發表不少論文、專著，擁有台灣、日本、美國、中國等地的專利超過百件。2004年，他獲頒中國土木水利工程學會的「會士」榮譽，也成為台灣大學土木系的兼任教授。

　　尹衍樑創業時失敗連連，但都沒有使他倒下，他反而能利用犯錯來學習。他認為錯誤的經驗幫助更大，正確的事反而容易忘掉，而錯誤的事就是忘不了，也就是「生於憂患，死於安樂」。

看看別人，想想自己

布萊德・柯恩（Brad Cohen）的自傳《站在學生前面——妥瑞氏症教我成為我夢寐以求的好老師》（*Front of the Class: How Tourette Syndrome Made Me the Teacher I Never Had*）（洪蘭譯，2010），贏得2006年獨立出版家獎（Independent Publisher Book Awards）最佳教育書類獎，後來還拍電影《叫我第一名》。布萊德・柯恩在書中的自序說（2005）：

> 我在成長時並沒有得到同儕和老師的支持與諒解，燃起了我要成為一個正向的、接納人的老師的想望。我要做一個有效率、有愛心的老師，因為我的童年是孤立的、寂寞的。我認為參與孩子每一天的生活，是老師可以帶到教室給學生最好的禮物。

因為妥瑞氏症，布萊德・柯恩的成長與學習份外艱困。當他修完教育學分準備成為一名真正的教師，卻面試了二十四所學校，遭遇不少冷嘲熱諷，第二十五次面試才終於成功。他告訴學生：「妥瑞氏症是我永不離棄的朋友，沒有它就不會是現在的我。」後來他獲選「喬治亞州年度最佳新進教師」，且成立妥瑞氏症兒童營隊，成為青年勵志領域的演說家。

沒有人能夠一帆風順，總會遇到狂風巨浪。此時不能放棄，以免翻船。要參考「老水手」的經驗，多向他們學習。不僅日後有自己的故事可以說，還可擔任別人的教練、回饋社會。如信樂團的歌曲《海闊天空》（姚若龍作詞）：

> 慶幸的是我，一直沒回頭，終於發現真的是有綠洲。
> 每把汗流了，生命變得厚重，走出沮喪才看見新宇宙
> 海闊天空，在勇敢以後，要拿執著將命運的鎖打破。

布萊德‧柯恩不被妥瑞氏症打倒，你呢？決定不被（　　　　）打倒，並以它為師，達成自己的夢想？

Chapter 2

興趣、夢想、天賦及特質

問題如何解決？

　　一直以來，阿德都不知道自己真正的興趣或專長，目前所讀的科系也只是「不討厭」，並沒有多大的熱情。高中生活都只為了考上好大學，考上又如何？阿德覺得讀書好煩！懷疑這樣的人生！

　　跟大多數同學一樣，阿德的父母要孩子好好念書，畢業後進入大公司或公家機構工作。人生的道路這麼窄，是因為長輩們「不知道」也「不相信」還有其他更好的生活方式，所以不敢鼓勵孩子「冒險」。

　　學校也差不多，功課好的學生是老師的希望與成就，否則……。興趣、嗜好、夢想都被說成「不切實際」，甚至是「不務正業」、「浪費時間」。

　　阿德記得自己在國小、國中時很快樂，他喜歡運動，也參加球隊；他喜歡音樂，很想組樂團；他喜歡自然科學，想當探險家……。曾有許多夢想的自己，為什麼如今卻提不起勁，找不到值得奮鬥的目標。

　　阿德好羨慕鄰居阿光，如果按照爸媽的標準，阿光應該算「輸家」，可是阿光很有活力，看來對生活很滿意。偶爾兩人有機會聊天，阿光都會提到自己想再進修什麼，以及為了自己的長程目標而要累積什麼經驗與實力。

第一節　生涯探索

　　什麼事能讓人「樂在其中」、甚至廢寢忘食、渾然忘我？孔子會說是「讀書」。他說自己發憤讀書時，忘記了吃飯，忘記了煩惱，連自己快衰老了都不知道（「其為人也，發憤忘食，樂以忘憂，不知老之將至云爾。」《論語・述而》）。

　　孔子的經驗就是心理學所稱的「心流」（Flow），也譯為「化境」（Zone）或「神馳」狀態。這是匈牙利裔美籍心理學家米哈里・契克森（Mihaly Csikszentmihalyi）於1990年提出，是指個人將精力完全投注在某種活動時，有高度的興奮感及充實感。心流發生，會使我們從事那項活動時，專注、全力投入，有清楚的目標，有立即的正向回饋，內心的憂慮及時間感都消失了。

一、興趣與合適職業的「相遇」

　　2007年，日籍作家村上龍出版《工作大未來——從13歲開始迎向世界》一書。他認為這個時代的父母師長應該改變，不能再以成人的期望或社會成功的標準為孩子決定人生道路。要鼓勵孩子依其「好奇心」探索未來，找自己喜歡且適合的工作。否則孩子會為了反抗父母，而變成沒目標、無精打采的人。當孩子「完全沒有喜歡的東西」，真正的原因是他曾感興趣的事都被父母抹殺了，於是完全失去探索的心情與動力。村上龍說（頁7）：

　　如何才能瞭解自己喜歡什麼、適合什麼，以及自己的才能在哪裡？我覺得最重要的武器就是好奇心。一旦失去好奇心，就等於失去探索世界的能量。

村上龍建議從13歲就要開始「生涯探索」（career exploration），這是學習獨立的起點。及早探索自己喜歡什麼、適合什麼，有哪些相應的職業選擇，「生涯發展」（career development）的道路才會既多樣且寬廣。

以書中所述的「自然與科學」類別來說，可選擇的職業就很多，包括：

1. 喜歡花草植物：花藝設計師、庭園設計師、景觀設計師。
2. 喜歡動物：水族館飼育員、導盲犬訓練師、眼鏡蛇捕捉員。
3. 喜歡蟲類：養蜂業、鍬形蟲養殖業、害蟲驅除。
4. 喜歡人體、遺傳：醫師、整骨師、器官移植協調師。
5. 喜歡雲、天空、河海：氣象預報員、漁業觀察員、漁貨拍賣員。
6. 喜歡火焰和煙霧：消防隊員、煙火師、爆破技師。
7. 喜歡星空和宇宙：在NASA工作、西洋占星師、天文雜誌編輯。
8. 喜歡算數、數學：稅務管理師、會計師、保險理財規劃師。

2013年，村上龍再出版《新工作大未來》一書，淘汰了部分不合時宜的職業，增添更多新興行業。他提醒，不論職業的內容如何變遷、職業的種類如何增加，最重要的仍是要知道「什麼才適合自己？」，職業並不是「找到」，而是要與它們「相遇」。如何相遇呢？書中寫著（村上龍，2013）：

對所有事物抱持興趣，更可以增加「相遇」的機率。進入社會開始工作時的職業是否適合自己？不知道的人確實很多。總之就是先盡一切的努力試試看，這是非常合理有效的方法。不集中精神努力的話，就不會知道那份工作、職業是否適合自己。

二、盡一切努力嘗試適合的工作

大家都希望從事感興趣的職業，但並非所有都適合我們。因為也許

能力不足，或者只是三分鐘熱度，說不定自己還有其他興趣或能力有待開發。村上龍建議，要增加興趣的廣度，要對更多事情抱持興趣，就可以增加與合適職業「相遇」的機率。

另外，也要增加對工作深度的瞭解，並盡一切努力嘗試看看，不要太快失去耐心或轉換工作。因為集中精神與全力投入，才會增加發現重要事物的可能性。

在如今變化快速、極不穩定的時代，工作難免困惑，成敗也更難預估。所以要有「嘗試」的精神，不只選擇傳統的工作，還要開發新行業。從事一件工作或行業時，要做得深入些、時間更久些，才會有心得，不要輕言離職、轉業。

看看別人，想想自己

讀法律的林群，在幾番轉折與嘗試之後，最後開一家二手書店（李青霖，2012）。讀大學時，他就對哲學有興趣，於是進入清大哲學研究所讀書。後來到補習班當導師或在律師事務所、台大歷史系當助理，都讓他找不到「投入」的感覺。

喜歡讀書的自己，決定開一家二手書店（含餐點、下午茶）。最初他的店在師大商圈，做了三年後龍應台告訴他「清大百齡堂要委外經營」。於是林群回到母校，開了「蘇格貓底」二手書店（的確有許多貓咪陪你一起看書、喝咖啡）。

為了堅持做自己喜歡的事，林群每天都與現實戰鬥。他想過要放棄，因為工作實在太辛苦了，一年有三百六十天得睡在店裡。但他更明白，有隨時準備「撤離」的心態就無法全力以赴。

「當下是什麼，就努力地成為那種東西」，他相信只要很認真的經

歷每個階段，就會累積足夠的經驗與想法，也就會順利通過各種考驗。

　　到了開店的第四年，他才清償所有創業的貸款，終於「苦盡甘來」。可惜的是，堅持十三年之後，林群於2019年4月底，結束在清大的學業，改為繼續開著粉紅喵咪書車，在東北角繼續東南亞書車的全台巡迴工作。

三、認識自己的興趣與天賦

　　選擇職業要依著「好奇心」的方向走，也就是自己真正的興趣所在。天下雜誌總編殷允芃，在大學聯考落榜後才認清自己真正的興趣。之前她跟隨「好學生就考甲組」的傳統觀念選擇就讀的校系，卻忽略了自己數理表現欠佳的事實。聯考失敗才讓她想通，自己還是對文史科目較有興趣，後來考取成功大學外文系，這個決定雖與父母的期望不合，但她說（陳智弘，1999，頁163）：

　　　　還是應該順著自己的興趣選擇科系，但要努力說服父母。跟著
　　　　自己的興趣發展，不要盲目跟隨流行。要認識自己，做自己最
　　　　想做的，以後才會走出自己的一條路。

看看別人，想想自己

　　29歲的顆粒，本名柯瑩玟（陳智華，2012），投入漫畫創作的時間雖然不久，但她以強調親情和友情的少女漫畫，連續奪得台灣金漫獎、中國金龍獎和日本國際漫畫賞等大獎。

顆粒在小學五年級時，因為數學不好而對課業失去信心。國中接觸到漫畫後，就決定「看漫畫不想再躲躲藏藏」（因為當年認為看漫畫是不好的），於是她寫信給爸媽，希望他們同意日後她能以畫畫走出自己的人生道路。爸媽被她的決心與主見說服了，表示給予支持。顆粒說：「我的世界變成彩色。」

國中畢業後，她就讀私立高中的美工科，從基本畫技重新學起。後來繼續攻讀東方工專二專部的大眾傳播科，學習說故事的能力。

二專畢業後顆粒再參加職業漫畫培訓班，最後終於找到自己最喜歡的工作。

曾任Google全球副總裁兼中國區總裁的李開復（2009年創立創新工場），也認為找到興趣非常重要，他以自己為例（李開復，2006a，頁215）：

讀高中的時候一心想做個數學家，剛進入大學時，又打算當一名出色的政治家。大二時才逐漸發現，自己無法全心的喜愛數學和政治；當時接觸到電腦，也喜歡上電腦。

於是，他毅然放棄修課一年多的法律系，轉入哥倫比亞大學的電腦系（當時這類科系還「沒沒無聞」）。1988年，獲得卡內基梅隆大學電腦系博士學位。李開復發現許多年輕人經歷升學考試的磨難後，激情（熱情）被磨滅了，對任何事都一副隨波逐流、玩世不恭的樣子。如何恢復熱情呢？他說（李開復，2006a，頁219）：

真正的激情只有一個來源，那就是興趣！因為追逐自己的興趣而充滿激情，因為激情而享受快樂。

李開復建議學子，透過下列問題找到自己真正的興趣（李開復，

2006a，頁238）：

　　1.是否十分渴望重複它？是否能愉快、成功的完成它？

　　2.過去是否一直嚮往它？

　　3.它是否總能讓你得到滿足？

　　4.你是否由衷的喜愛它？

　　5.你的人生中最快樂的事是否和它有關？

　　李開復說，如果還是覺得茫然、不知道答案，就必須給自己更多接觸及嘗試的機會，不必急著把某種興趣當成最後的目標。不同的興趣可以平行發展，直到面臨「非此即彼」的取捨時再來抉擇。

　　做自己有興趣及熱愛的事，不僅工作起來較容易，而且更可能成功。例如：擅長模仿、舞蹈、表演、電視節目主持的陳漢典（1984年出生），不到30歲就獲選真理大學傑出校友。2013年他加入《綜藝大熱門》節目主持，分別於2015年、2017年和2019年三度入圍金鐘獎「綜藝節目主持人獎」，2018年還推出首張個人音樂作品《先不要》。他的演藝之路是從在真理大學擔任熱舞社社長開始，大學四年他都沒有蹺課，每天上完課就留在學校繼續跳舞（吳文良，2012）。

　　報載（廖珮妤，2013），陽明海運公司的首位女船長汪聖瑛，她原本在海洋大學讀商船系，想轉到生物系但沒有成功。也曾去美國紐約電影學院學攝影，但發現導演夢太遙遠，光靠努力無法成功。於是她還是回來繼續擔任船員，也逐漸愛上航海人生。她秉持「做就對了」的態度，工作上不論是扛重物、值晚班都不喊苦，即使生理期間身體很不舒服，吃了止痛藥後仍繼續完成工作。

　　從小喜歡服裝設計的吳季剛，他的成功更是有目共睹。2013年1月22日，在歐巴馬連任總統的就職晚宴上，第一夫人蜜雪兒再度選擇吳季剛所設計的晚禮服（從二十件作品中選出）。四年前，歐巴馬第一任就職晚

宴，蜜雪兒就是穿吳季剛設計的白色晚禮服，讓名不見經傳的吳季剛備受矚目。能二度獲得第一夫人的青睞，連吳季剛自己都不敢相信。

四、為自己的選擇負責

　　依自己的興趣選擇職業後，還要延續原本的熱情；也就是說不論經歷多少挫折，都要「為自己的選擇負責」。舞蹈家許芳宜36歲就獲得國家文藝獎（2007年），是歷屆最年輕的得主。

　　1971年出生的許芳宜，小學四年級開始跳民族舞蹈，高中時就讀華岡藝校，1990年進入國立藝術學院（北藝大前身）舞蹈系，1994年前往紐約深造，後來成為瑪莎葛蘭姆舞團首席舞者。1997年她回到台灣加入雲門舞集，2002年與同樣熱愛舞蹈的布拉瑞揚共創「拉芳」舞團。表面看來順利且成功的職業生涯，其實是許芳宜經歷及克服了許多辛苦與考驗才獲得，包括：課業不佳的自卑感、去美國英語不好的挫敗感、一再苦練的身心折磨、四處巡迴表演的孤獨與漂泊感……（詳參許芳宜、林蔭庭，2008）。

活 動 2-1

請依自己的興趣與天賦，列出未來你最想要從事的三項工作。

1.

2.

3.

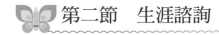

第二節　生涯諮詢

　　村上龍建議，國中階段起就應藉由職業楷模或職業試探，逐漸「確定」、「接近」或「修正」自己職業生涯的方向。我國的教育政策也朝著「適性教育」發展，協助學生選擇適合自己的升學校系與未來工作。但有多少中學生真能選擇自己的未來？多半受到父母師長及社會成功標準影響，甚至不得不放棄自己的興趣。這是我國教育生態的問題，還是學校未能落實「生涯輔導」的緣故？

一、校內外的生涯輔導機構

　　大學畢業後面臨的就業壓力，促使大學生必須思考「自立」、「謀生」與「實現夢想」等問題。大學都設有指導學生生涯規劃或職業諮詢（career counselling）的專責機構，如：「生涯發展中心」、「職涯發展中心」、「職能發展中心」等。另外，學務處「畢業生輔導組」、「就業輔導組」、「諮商輔導組」等，教務處的「學生學習中心」或獨立設置的「就業輔導處」等，都十分積極推動在學階段的生涯規劃與職業準備。希望幫助學生及早認識自己、找到目標，準備日後就業所需的態度與能力。若干大學還會聯合成立「大專院校職涯發展資源中心」，相互分享資源。各大學的「校友會」及各系的「系友會」，也是不錯的職業探索的資源。

　　做好生涯規劃，需要「知己知彼，百戰不殆」（《孫子兵法》）。「知己」是瞭解自己的性向與專長，「知彼」是清楚就業市場的變化與要求。為了客觀地自我認識，心理測驗是個不錯的媒介。大學的「生涯發展中心」或心理諮商組等，都提供多種生涯測驗的施測與解釋，如：

　　1.瞭解職業興趣：生涯興趣量表、青年職業興趣、我喜歡做的事等。

2.瞭解性向：青年性向測驗、大學系列學業性向測驗等。

3.瞭解人格特質：賴氏人格測驗等。

4.發覺生涯困境的癥結：生涯發展阻礙因素量表、生涯信念檢核表
　等。

你該主動前往這些生涯規劃單位「報到」，善用相關資訊與參加活動、進行心理測驗等。校外也有相關的機構如「YANG青年人才培育學院」（「中華民國大專生涯發展協會」創設）、*Cheers*雜誌等、*Career*雜誌等，都有相關講堂或課程，能更快速協助你認識職業、適應職場。

二、生涯決定的步驟

升大學時面對校系的選擇，不少人是「被動」地依照父母師長的期望或社會成功的標準。不少人事後覺得後悔，然後轉系、轉學或重考。若均未如願，只好等到研究所階段再來「重新選擇」。

拖延「生涯決定」（career decision making）的結果，使得某些人直到取得最高學歷（博士學位），才勉強找到適合自己或是喜歡的行業。但還是有些人繼續延宕生涯抉擇，直到工作多年，雖不喜歡目前的職業卻沒有勇氣重來，對於未來只感到悲觀與惶恐。

沒有人希望選錯行，若不想重蹈覆轍、茫然度日，就要趁早尋找能激發自己熱情的職業。生涯決定或抉擇代表著自我覺醒與行動，具體步驟如下：

步驟一：將「構想」或「夢想」訴諸文字，包括抉擇的原因、實現夢想所需的條件、行動計畫，以及對於結果的推估等。

步驟二：將書面計畫拿給相關、重要及專業人士「修正」，盡可能廣泛地聽取正、反等多方面的意見。

步驟三：最後還是由自己選擇，適合別人的職業不一定自己也可

以，還是要找到真正願意而且擅長的工作。

步驟四：開始一連串「實施、檢討、修正」的過程，從實踐中檢驗及增減自己相應的工作條件。

 看看別人，想想自己

世新大學中文系畢業校友　李承展

高中時對於職涯的探索我一直都很困惑，最初我的志願是企管系，但因為英文考得不理想，所以選擇了中文系。大一時為了賺取生活費，我在高中同學的介紹下來到喜來登飯店宴會廳當工讀生，時薪100元，比起一般75～90元算不錯囉！於是我有課才去學校，下課就到喜來登上班，對於學校或系上事務則一點都不關心（因為當時我想轉系或轉學）。

大一快結束時我換了工作，擔任一對姐弟的家教，一小時400元，一星期2,000～2,400元，固定星期六、日全天家教。升大二的暑假，我的導師找我當他的助理，一個月可以領2,500元，是大學部校內工讀待遇最好的工作。於是，我想轉系或轉學的念頭變為雙主修或輔系。

後來系辦公室告訴我可以報名學校營隊擔任「隊輔」，兩個月的薪水是18,000元，這又開啟了我在學校工讀的機會。

接著我又找同學組家教團隊，我負責和家長接洽，同學擔任各科教學。這份工作讓我一個月賺進20,000元，經濟壓力沒有了，因而有更多時間參與學校活動，增加自己辦活動的經驗。

因為擔任營隊隊輔的關係，我被課外組老師找去當工讀生，雖然一個月才2,000元，但那段生活真的很有趣。

大三上學期，因為我想存錢而接觸了保險業，我想這份工作可以幫助人又能賺到比較多錢，所以把家教團隊結束，全心全意擔任保險業務員

的「正職」。但因我有些新的想法，以及覺得保險業的工作不穩定，所以並不順利，到了大四就將保險業轉為「兼職」。

若問我：「學校及系上對於學生的未來就業，是否主動協助？」我的答案是：「雖然學校或系上安排了就業講座或提供一些就業資訊，但多半的同學並不關心或並未參與。我是因為擔任老師的助理及課外組的工讀生，才會注意到這些講座或訊息。學校多半只提供靜態的資訊，若學生不參加或不去瞭解，對於他們的生涯發展就毫無幫助。」

對中文系或人文學院的我們，更是沒有太大幫助。因為學校提供的就業資訊，大多是傳播類或一般行政，沒有針對中文系的工作。系上的幫忙更少得可憐，除了搭配學校強化升學和就業講座，安排一、兩場面試輔導外；也沒有邀請學長姐回來分享，或針對未來就業的相關提醒。結果，大多數中文系畢業生，都沒有在中文專業發展。

職涯的發展，我還是透過自己的工作經驗才瞭解有興趣的工作內容和薪資。但我還是希望藉由有經驗的師長或學長姐輔導和協助，而不要「瞎子摸象」。我最大的困惑是讀中文系可以運用在哪些地方？對於未來的工作和薪資有什麼幫助？如何「跨領域」發展？

我希望獲得有效的生涯諮商和企業實習，提供與中文系相關的進修資訊（例如教育學分或表演學程），讓學生能「跨領域」成長，有效提升人力素質和多元眼光。

請你到學校的生涯或職涯發展單位，做一次「生涯諮詢」，要包含相關的心理測驗及解釋，並請寫下結果與心得。

🦋 第三節　堅持自己的夢想

　　1989年出生的梁舒涵，畢業於國立台灣藝術大學戲劇學系，父親為報界的資深攝影記者梁偉華。2009年開始在大愛台客串演出，2018年，她以電視劇《女兵日記》的角色「葉素娥」爆紅，並獲得第54屆金鐘獎戲劇節目新進演員獎。她看起來是個活潑開朗的女孩，為了堅持夢想，也經歷過低潮。

　　就讀本科系的她，原來一心想當演員；為了等試鏡，她不敢找正職（因為很多試鏡都是臨時通知）。只靠著大學打工時存的10萬元，撐過一整年沒有正職的生活，只等一個進入演藝圈的機會。身旁朋友知道她為了不增加開銷而不出門，以及她的心情低落，所以一直約她出來，用各種理由請她吃飯。沒工作的那段時間，梁舒涵曾動了放棄的念頭，但父母和朋友不僅沒有人要她放棄，還一直鼓勵、陪伴她，否則就沒有今天能被大家看見的亮眼演出。

看看別人，想想自己

　　子筠從小的目標是成為一名國小「正式教師」，修完教育學分及學校實習，考過幾次「聯合教師甄試」，總以些微差距未能圓夢。原先她在台北擔任代課老師，後來決定回家鄉「金門」代課，考取正式老師的機會更大。果然沉潛一、兩年之後，她在金門考上了正式老師。

　　支持她實現夢想的最大動力，除了教育的熱情，還有家人及師長的鼓勵。當她獨自一人在外島奮鬥時，日子非常難熬，常因寂寞而哭泣。但這個目標是自己選擇的，不論環境多麼惡劣、面臨多少試煉，自己都要盡

快撫平傷口、重新出發。對於選擇的目標從不後悔。最後她不僅考取國小正式教師，同時也取得國立台北教育大學「國教研究所」碩士學位。

子筠說，大學時讀「公共關係暨廣告系」，除了認真修習本科系的課程外，實習經驗也很重要。學校會和民間企業合辦大型公關活動，從前置作業、實際運作、活動成果的評估以及未來活動的預測、人脈網絡的建立等，都能因實際操作而提升自己職場的競爭力。

子筠說，如果我選擇市場上熱門的傳播科系，工作類型可能是記者、主播、雜誌社編輯、文字工作者、企業公關；但相伴而來的困境是：競爭大、壓力高、工作時間長、收入不穩定，以及替代性高。經過評估，子筠選擇了另一條路，努力成為一位「良師」。大二時她報考師資培育中心，歷經三關，從六百多名競爭者中勝出，所以她格外珍惜這個「職場良緣」。

如何堅持夢想？須在下列四個方向「深思熟慮」：

一、確定自己的人生目標

1.選擇自己有「興趣」的科系。

2.評估自己的「能力」。

3.檢視自己是否具備足夠的「毅力」。

4.判斷自己是否具有「執行力」。

二、確立未來的就業方向

1.哪些事物能引發你的「興趣」？

2.檢視自己的「人格特質」適不適合目前所讀學系？

3.自問是不是「樂」在其中？

4.選擇的目標是否符合未來的「市場需求」？

三、知道證照及第二專長的重要

許多學系鼓勵學生利用在學期間考取證照，儲備就業時的「即戰力」（立即上場、不需再訓練）。例如財務金融學系可參加財金相關領域的證照考試，包括人身保險、證券商業務、期貨商業務、證券商高級業務、信託業務、理財規劃、投信投顧、金融市場與調查、產物保險、投資型保險等。

大學生為什麼要修「第二專長」？從就業市場面來考量，英文輔系或管理類科都是不錯的選擇。但要把握下列原則──「盡己之力，愛其所選」。不要等到就業時才懊惱與後悔，趁著在學期間取得「資訊證照」及「英文檢定」或選修其他「跨領域」專長，使自己比別人的條件更好，找到好工作的機會才更大。

四、參與社團、工讀或企業實習

其他如工讀、企業實習、校內外相關社團等實務經驗，對於未來的謀職，都有相當的助益。因為有了這些磨練，可增加你的工作經驗、專業知能、抗壓、問題解決能力、人際相處技巧與良好態度，使你能自然地散發成熟幹練的氣質。

多多請教大四的學長姐或畢業校友，或和你同齡的同學一起討論未來，也許就更能掌握該做的「職涯探索」，不再茫然失措。

堅持夢想

小馬丁‧路德‧金恩（Martin Luther King, Jr.，1929年1月15日－1968年4月4日）是美國牧師、社會運動者、人權主義者和非裔美國人民權運動領袖。他主張以非暴力的公民抗命方法，爭取非裔美國人的基本權利。

1963年，金恩發起「向華盛頓進軍」行動，在林肯紀念堂前發表演講「我有一個夢」（I Have a Dream），強而有力地描述他對於黑人與白人有一天能和平且平等共存的遠景，不斷重複使用著「I have a dream」一詞。

> 我夢想有一天，這個國家會站立起來，真正實現其信條的真
> 諦：「我們認為這些真理是不言而喻的：人人生而平等。」
> 我夢想有一天，在喬治亞的紅山上，昔日奴隸的兒子將能夠和
> 昔日奴隸主的兒子坐在一起，共敘兄弟情誼。
> 我夢想有一天，甚至連密西西比州這個正義匿跡，壓迫成風，
> 如同沙漠般的地方，也將變成自由和正義的綠洲。
> 我夢想有一天，我的四個孩子將在一個不是以他們的膚色，而
> 是以他們的品格優劣來評價他們的國度裡生活。
> 我夢想有一天，阿拉巴馬州能夠有所轉變，儘管該州州長現在
> 仍然滿口異議，反對聯邦法令，但有朝一日，那裡的黑人男孩
> 和女孩將能與白人男孩和女孩情同骨肉，攜手並進。
> 我夢想有一天，幽谷上升，高山下降，坎坷曲折之路成坦途，
> 聖光披露，滿照人間。

1964年10月14日，諾貝爾委員會以小馬丁‧路德‧金恩長期以非暴力方法追求種族平等理想，授予他諾貝爾和平獎。

　　1968年4月4日，馬丁‧路德‧金恩遭人暗殺，地點是田納西州孟斐斯一家汽車旅館。金恩遇刺後，全美各地都出現暴動。

　　1986年，每年一月的第三個星期一被定為「馬丁‧路德‧金恩紀念日」，是美國聯邦假日之一。

活動 2-3

大學階段應選修哪些課程（包括通職課程）、學程或具備哪些證照，會更有利於你的夢想實現？

已經不早了！趕快起來吃早餐，你這樣早上的課都不能修，損失很多喔！

Am 10:30

早安.....早餐.....謝謝

晨跑，上完早上的課，幫宿舍朋友買好早餐，但擔心朋友不能畢業的人

Chapter 3

工作的創新與技巧

問題如何解決？

上了大學以後，阿明覺得很自由、很放鬆，生活的彈性變大。因為住在學校宿舍，不論起床、上課或睡覺，都不再有人時刻鞭策自己。但同時阿明也發現事情好像做不完、時間永遠不夠分配，真希望有兩個自己。但心裡清楚，真正的原因是無法「自律」、懶惰，常常先做無關緊要的事（當然是輕鬆、簡單的事），拖到最後才肯去做正事（當然是麻煩、困難的事）。

阿明一面希望日子過得充實、生活多采多姿，卻也在一天結束時覺得「好累」，尤其是「心累」。該完成的事似乎愈堆愈多，只想做完就算了。真正想做的事卻一直停留在「空想」階段，一點都沒有「起而行」。

不知道自己怎麼會變得這麼懶散、失去熱情？從前師長們常誇讚他「自動自發、清楚人生目標」，如今卻失去了自制力。

大學階段不僅有「想做的事」，更要規劃達成目標的期限。這時，「時間管理」就很重要，使人可以事半功倍。高中時老師教過如何管理時間，如今想來只是老師幫我們做「時間計畫」，自己只是被動遵守而已。老師說：

時間管理要從「時間計畫」開始，目的是幫助自己有效完成工作，在有限時間內把事情做得既多又好。

聽起來很簡單，但時間管理的真正重點還在如何執行。阿明告訴自己：「我一定要趕快學習時間管理。」

第一節　執行力才是實力

　　以我國的教育生態來說，大學以前，時間及心力大部分放在升學考試。等到大考結束後，不管結果是喜是悲，都已筋疲力竭。上了大學驟然放鬆，更讓人難以收心。人性因「好逸惡勞」而不喜歡苦差事，高中時代有師長督促、同學競爭，較容易產生動力。那時所謂的自動自發與清楚目標，恐怕仍是外力壓迫所致。讀大學之後，教授尊重學生的自主權，不再緊迫盯人；同學間也因選課不同、目標及方向不一致，更難有人督促、提醒。

　　靠意志力來自我督導，行得通嗎？恐怕還是需要「借力使力」，多和自律性高的良師益友相處，借助他們的行動力，使自己也動起來。「坐而言，不如起而行」（《荀子‧性惡篇》）、「二鳥在林，不如一鳥在手」，「計畫」再好若未能「執行」仍是一場空。

　　即使找到自己的職業興趣、確定了生涯目標，要「美夢成真」、「勝任愉快」，就須先克服下列「執行缺陷」，如：

　　1.不能專心工作，常會「半途而廢」。

　　2.經常拖延或逃避，構成別人的困擾、影響團隊的進度與成果。

　　3.遇到辛苦或負擔較重的工作，就容易心煩氣躁。

　　4.遇到困難或阻礙時，精力幾乎消耗在抱怨及焦慮上。

　　5.虎頭蛇尾、三分鐘熱度，無法有穩定的工作績效。

　　6.遇到不喜歡、沒興趣的工作，就不願勉強或委屈自己去做。

　　7.不自量力、承諾過多，做不完又抱怨壓力太大。

　　8.高估自己，以為事情很簡單卻無法如期交差。

一、失敗一定有原因

執行力不足的問題若不能改正，必將遭到「被淘汰」的命運。大學時代我參加校際演講比賽，各個參賽選手看來都有獲勝的希望。但上台後的表現，即可看出「執行力不足」的地方。如：

1.開頭講得很好，中間卻忘稿，然後開始慌亂、無力回天。
2.前面講得很好，中段開始無以為繼，無法維持一貫的水準。
3.自我感覺良好，其實並沒有展現出個人特色。

比賽若沒有獲獎，只要能虛心反省、觀摩他人的表現，下次仍有成功的可能。可惜不少失敗者從此「退出戰場」，不願改進及再試一次，自然不再有成功的機會。

托爾斯泰說：「成功一定有方法，失敗一定有原因。世界上只有兩種人，一種是觀望者，一種是行動者。」觀望當然不會成功，但即使是行動者，若沒有周全的準備還是會失敗。能想出「好點子」這並不夠，還需要有「執行力」（executive ability），也就是「使命必達」。執行力可使「現實」與「理想」的距離拉近，反之則會愈來愈遠。

二、現況與目標的差距

李開復認為，要達成目標，得先客觀評估現況與目標的差距，再設法自我提升、彌補落差。若不清楚差距，可做下列練習（李開復，2006a，頁251-252）：

1.鎖定就業標的：以一家知名企業為目標，假設你要去該企業謀職，依其要求的條件來填寫求職申請表，再請朋友幫你打個分數，評估你有多少勝算或相對欠缺哪些，例如：語言能力、專業證照、相關

工作或實習經驗、第二專長。

2.確立中程目標：擬出自己大學畢業後希望達到的理想狀態，再看看目前的差距有多大。這個差距必須是合理、有限、可彌補的，也就是四年內能夠完成的。例如：通過英文檢定（包含分數或等級）、考取某種證照、維持運動習慣、生活作息正常等。

許多人空有目標卻無相應的行動，也就是「常立志」，而非「立長志」。但行動也要注重方法，否則可能「事倍功半」甚至「徒勞無功」。「工作技巧」是就業的必備條件，完整的執行力應包括：企劃力、做事方法、時間管理（time management），三者相互呼應、相輔相成。

你覺得自己有哪些「執行缺陷」需要及時改善，以免日後也會慘遭淘汰？

🦋 第二節　企劃力──避免「見樹不見林」

成績好的人，都善於列讀書計畫，能妥善安排與掌握預習、練習及複習等進度或時程，並不斷改善計畫以達到最好效果。工作目標亦然，如果沒有周全的企劃，或不能按照預定步調進行，就不可能成功。好的企劃不一定都要自己想出來，可多請教學長、前輩、主管或透過會議來「集思廣益」，都能使企劃更有效及完備。絕不能「偷懶」，被動地等待別人提供完整的企劃，自己要有擬訂計畫的能力（或稱企劃力），再請別人修改。

企劃力與專案管理

在執行力之前，應先建構企劃力，有了企劃力才有執行藍圖。上至高階主管，下至一般員工，甚至販夫走卒、家庭主婦，都需要企劃力。例如事先設計一週的菜單，不僅可以節省採買的時間，還可以事先做購買預算，避免不必要的浪費。

企劃力是為了協助解決問題、達成目標，而提出的構想或點子（ideas）。如何將現有知識變成商品化，需要的是商品企劃力；有了商品，如何讓消費者喜歡、愛用，變成暢銷品，需要的是行銷企劃力；有了暢銷的商品，如何讓商品行銷全球、擴大公司的經營規模，需要的是經營企劃力。

企劃力有什麼好處呢？

- 可以培養思考能力
- 找到問題，並提出解決問題的方法
- 做好時間管理及進度的掌控
- 學習預算規劃、成本管控
- 有具體的執行藍圖，可降低天馬行空的投資或風險
- 順利達到預期的目標

近年來「專案管理」（Project Management）越來越受到重視，已經成為「語言能力」、「溝通能力」的「通用性技巧」。專案是組織進行的一個暫時性的努力付出，在一段時間內運用事先決定的資源，以生產一個獨特的產品、服務或結果。專案管理包含四個P：

1. 計畫（Plan）：這是指所有涉及規劃和預測的活動。
2. 過程（Processes）：專案主要由一系列預定和結構良好的過程所組成。

3.人員（People）：人員是某些專案特有問題的核心。

4.權責（Power）：所有的權力與責任、決策者、組織圖，執行政策和喜好。

有些人喜歡隨興工作，覺得計畫會讓人變得機械化。其實「隨興」只是拖延及自我設限的藉口，最終會變成懶散、消極以及缺乏長遠眼光。看看下列兩者的對比：

一、精力充沛或頹廢遲滯

「頹廢遲滯」本應出現在中年人身上，若年紀尚輕卻只想待在舒適圈，沒有設定中、長程目標時，是否非常可惜？

有些人怕自己成為工作的僕人，被計畫逼著走。其實你永遠是計畫的主人，計畫是前往目標的路線圖，有許多條路可以選擇。要走哪一條路仍由你評估、決定，事後再行檢討、改進。

有些人認為自己執行力足夠，於是不需要計畫。這種方式容易因「過度自信」而走錯路，若又堅持不認錯、不回頭，則更加浪費時間與個人的潛能。

如今「團隊合作」（teamwork）時代，個人會受到夥伴態度影響，因此計畫時就要包括「自我管理」及「管理別人」兩部分，「管理能力」也是現今職場需要的重要資產。

二、自我管理或缺乏自制

大學階段藉由「妥善計畫」（「自制」），才可面面俱到、游刃有

看看別人，想想自己

　　美國心理學家艾力克森（Erikson, E.）於1950年代提出「心理社會發展理論」（psychosocial developmental theory），他將終其一生的發展分成八個階段，如：嬰兒期、幼兒期、學齡前兒童期、學齡兒童期、青少年期、成年早期、成年中期、成年晚期。每個階段都有「發展關鍵」（或稱「階段任務」、「社會期望」、「發展任務」），否則就會構成「發展危機」。

　　以成年中期（34～60歲）來說，發展任務是「精力充沛」（generativity）——成為有創造力的人，行為表徵是：

1. 深謀遠慮，在關懷人類社會未來的心態下，擴展自己的興趣與社會參與。
2. 積極建構自己的人生，包括工作、態度，以對後世有些貢獻。

　　未能達成發展任務時，會顯得「頹廢遲滯」（stagnation），行為表徵是：

1. 自我放縱、消極，覺得生活枯燥乏味。
2. 耽溺在個人的慾望與需求中，缺乏自我成長。

餘，否則就會分身乏術、焦頭爛額。包括：

(一)課業或考試準備

　　到了期中或期末考試或報告時，先前若無「計畫」，就容易因拖延而壓力過大，草草了事或逃避放棄。這樣的態度做任何事都不會有高品質，生活節奏也大起大落、昏天黑地。

(二)舉辦社團活動

有些大學生花在社團活動的時間過多，以致耽誤課業及身體健康，尤其在舉辦大型活動時。縱然參加社團的收穫不亞於專業課程，可以學到如人際協調、活動策劃、領導與管理等重要能力。但若「顧此失彼」，未彰顯社團價值之前就已凸顯自我管理不足。

(三)打工與職場體驗

不論經濟壓力或為了個人成長，大學階段的打工或實習都有其教育意義。但有些同學每天趕打工，或打工時間太多而放棄上課，就是缺乏自制能力。大學仍應以本科課業為主，打工或企業實習為輔。

(四)考取證照或學習第二專長

在如今注重證照的年代，大學文憑是考證照的資格，有些證照考試甚至不需要文憑。證照的價值有時高於文憑，若能兩者兼具，自然更有競爭力。而今也是需要第二、第三專長的時代，讓老闆有理由錄取你。認清這些事實後就得及早企劃準備證照考試及其他專長。謀職前再學習新本事，絕對來不及。

三、帶領別人或孤立無援

工作不免要與人合作，若不能「妥善計畫」，就可能被消極者拖累。企業設置「總監」、「執行長」或餐廳的「主廚」等職位，就是為了帶動團隊作業、激勵士氣，使工作如期完成。任何階層的「主管」，也都在從事管理他人的工作，所以要從學生時期開始儲備帶領別人的能力。例如：

(一)小組作業

大學課程常有分組活動，如果不善於與人互動、協調、領導，則會

浪費許多時間仍無法完成作業。小組合作的困擾包括：開會有人遲到甚至不來、會議時間拖延、人數不足而無法開會、會議中有人堅持己見或情緒不穩定而與人爭執、分配工作時斤斤計較甚至故意不做、不顧團隊協議而一意孤行等。為了協調大家的意見及分工，為了建立團隊默契，須多花時間來溝通、協調。

(二)社團活動

這部分比課程的小組作業變數更大，可掌握性更少。由於社團幾乎沒有老師或評分壓力，自由度大、產生的困擾也多。若沒有好的企劃，社團運作將愈來愈困難。因為工作必須社團成員共同承擔，如果只有少數人支撐，社團勢將蕭條甚至「倒閉」。

(三)學習風氣

一班、一系甚至一校的學習風氣會彼此相互影響，萬一學風不良，將使自己隨波逐流。如何發揮影響力，使個人熱情及行動感染與激勵其他同學？其實只要少數學生能積極、主動，盡力改變整體學習風氣，大部分的成員也能受到鼓舞而一起行動。

活動 3-2

在學校社團、班上或某些課程，有否遇到「管理他人」能力很強的人；寫下三項你佩服他的地方：

1.

2.

3.

第三節　做事方法──聰明工作勝於賣命勞動

　　現今社會環境變動幅度很大，職場複雜度及機動性大增。所謂「人才」必須是懂得做事方法的「聰明工作者」（work smart），能事半功倍、如期完成。「效率」比「努力」重要，做得既快又好才算真本事，不能只「做完」而不求「做好」。下列哪一種做事方法才是真正有效率？

一、真正的效率

(一)一鼓作氣或細水長流？

　　許多人以為一次性的「放煙火」，最能引人注目；其實，灰飛煙滅反而一無所有，不如細水長流匯聚成浩瀚江河。一點一滴、積少成多才真正可靠，禁得起長期考驗。所以要設法維持自己身心健康與活力，才能有最佳效率。

(二)暴起暴落或穩定成長？

　　許多人忙起來就生活秩序大亂，之後再花很多時間放鬆以恢復元氣。這不如每天規律、穩定的工作與休閒、運動，足夠的睡眠及營養，維持穩定的工作品質。

(三)超時工作或限時完成？

　　超時工作或經常性加班會犧牲健康、家庭、人際關係等，反而得不償失。不如在時限之內安排合理的工作分量與進度（不要抱持完美主義），儘早開始並依進度向前，反而可能提前完成。

(四)邊做邊想或事先計畫？

「邊做邊想」會因遲疑不決而拖延時間，甚至做出錯誤決定而須重頭再來。不如先花一些時間做計畫，思考周延後（想好所有可能的結果）再依序進行，反而省事省時。

(五)順著個性或調整個性？

想要真正有效率，就不能太率性；否則個性遲疑的人會愈加猶豫，急躁的人就成了「工作狂」。要養成「細水長流」、「穩定成長」、「限時完成」、「事先計畫」的工作習慣。

許多人並非沒有能力，而是不講方法，以致浪費時間及心力。有些人則害怕困難、麻煩，而逃避、拖延該做的事。執行力是指理性及最佳地安排，使自己及團隊更振奮。

二、創新與專業成長

創新是「推陳出新」、「另闢蹊徑」、「山不轉路轉」的腦力激盪，可藉由閱讀、旅行、觀察、研習、討論等產生。沒有創意的產業注定「走下坡」，企業及個人都要注重在職進修及專業成長，如國際趨勢名師大前研一在《專業：你的唯一生存之道》（2006，頁46-47）一書所說：

> 成功者不可或缺的配備就是：「追求知識的好奇心」，我不只一次大聲疾呼，一定要戒掉懶於學習的壞習慣。企業經營也是一樣。總是滿於現狀的態度，不僅危害自己，也會為周圍帶來災害。

工作時不僅應積極參與企業內在職進修，更應積極向外學習。時時要有新觀念、新產出，不要讓別人覺得「停止成長」。

看看別人，想想自己

「天下難事，必作於易。天下大事，必作於細。是以聖人終不為大，故能成其大。」（《道德經‧第六十三章》）

從老子的智慧可知，難事可從易處著手，大事可從細處開始，這是聖人的做事方法，所以能成就偉大的事業。

做事先從容易的開始，有了成果及信心，再去挑戰困難的部分。如果只看到「不會做」的部分，一味焦慮一點益處也沒有！

工作效率表現在生活細節上，如言語及文字表達要言簡意賅、簡潔有力，該做及想做的事要即知即行、迅速確實。

另外要注意的是，工作難免遇到辛苦或厭煩的時候，可以休息一下轉換心情，不可輕言放棄。

許多人在即將成功時放棄，不肯再忍耐一下。所謂「功虧一簣」（語出《尚書》）、「行百里者半九十」（《戰國策》）就是這個意思。

高EQ的人具有「不達目標，絕不終止」的堅強意志，他們相信成功，也善於自我激勵，更注重做事的技巧，如：

(一)同時進行

將所有該做的事情，依優先順序安排及分配時間，也不可忽略一些日常瑣事。非等做完某件事，否則不肯做下一件的做事方法容易耽誤重要的事及身心健康。且容易壓縮後面的工作成效，使心理的壓力擴大，睡眠及運動更不足。

要學習同時處理多件事情，這不僅在一兩小時之內，也要拉長至

三、五年內。如：學業、證照考試、打工、愛情、社團、創業、人脈等，這些都可以也必須兼顧（王淑俐，2015，頁129）。

一件一件事排隊著做，在時間上並不經濟，也可能來不及做完。不少人多年後才懊悔，當年為什麼沒能兼顧呢？最常聽到的是，因為太專注課業、創業、證照考試，而「有意識」的將愛情、社團、人脈、家人等擱置，但有了高學歷、高收入，具備不錯的條件時，才驚覺當時中斷的事情已經銜接不上了。

(二)不貪多、分段施工

要學習「精算」某項工作所需要的時間，再適度安排進度。可先「寬估」，預留「空白時間」、「緩衝時間」、「彈性時間」。並以週計畫、學期計畫、暑（寒）假計畫、工作清單等方式，安排應做及想做的事情，還要能「自我監督」到完成為止。

(三)提前開始與提前完成

要養成「提前」的好習慣，包括提前開始及提前完成。這才可以「慢工出細活」，不因為時間壓力而崩潰（過勞或逃避）。「明日事今日畢」比起「今日事今日畢」，更從容及有成就感。

(四)自制力與自我激勵

自制力是指理智、清醒地面對責任，因為人性的弱點是「以逸待惡」，會故意拖延「麻煩的工作」（卻是重要的事務），或自欺欺人地以「完美」為藉口而遲遲無法動工。羅馬不是一天造成的，如搖滾樂團「五月天」的歌曲──〈現在就是永遠〉：「人生都太短暫，別想、別怕、別後退，現在就是永遠。」所以要不斷自我激勵──現在就做。

(五)環境布置

從整理環境開始，使腦子更清楚、有條理，提升工作士氣與效率。可以用櫥櫃、屏風、布簾營造獨立空間，環境整潔可增加專注力，加強綠化、美化可提升正向情緒。照明及通風好，可減輕眼睛負擔，不會昏昏欲睡。有好用的文具、檔案夾、資料夾，將「待辦事項」分類儲存。我們無法完全拒絕別人的干擾，因為不能強迫別人一定要配合自己，所以還要增加自己對環境與聲音的適應力。

 **3-3**

你是個「聰明的工作者」嗎？請分享你做事的三個巧妙方法。

1.

2.

3.

第四節　效果與效率──永不褪流行的時間管理

找到生涯目標並且能如期完成，才會感到真正快樂。這就是時間管理的功能，使你更正向、覺得有希望，不致茫然失措或經常覺得疲累，甚而陷入自卑、無助、惶恐的負面循環中。

多半人知道時間管理的重要以及自己時間管理的缺失，卻沒有恆心去練習及調整，以致最後又回到「原點」──隨性度日、懊惱終日。

一、打破時間管理的迷思

時間管理是值得「花時間」學習的功課，不僅是技巧，更是觀念及行動，能使人脫胎換骨，但先要打破一些時間管理的迷思，如：

(一)時間計畫的時段愈長愈好嗎？

其實，時間計畫一次半天，約三、四小時即可，一、兩小時也好。一日分上午、下午、晚上三個時段來安排，不必一次排好全天的工作（這不是旅遊行程或幫老闆安排開會）。計畫是為了有效運用時間，若無法落實，再完美都不是好計畫。

(二)今天應計畫明日的行程嗎？

時間計畫是為了「實踐」，所以等起床或早餐後再來安排較務實。對於明天或未來一週、一個月、一學期的活動，只要大致掌握，避免忙碌或鬆散等分配不均即可，但不可能做細部的安排。

(三)時間計畫可能那麼精準嗎？

時間計畫是為了使行動較精準、不散漫，而不是把自己變成定時的機器。好的時間計畫要將「變化」納入，要寬估工作所需的時間，才能處變不驚。

(四)「時間單位」愈短，效率愈高嗎？

「時間單位」是時間管理的關鍵概念，指做某件事一次使用的時間。基本上以三十分鐘為原則，再彈性增減。最短十分鐘，最長不超過一小時。時間太長會產生厭煩及疲倦感，反而降低工作效率與效果。經過多次練習，即可找到最適合自己的時間單位長度。大約為二十、三十分鐘，不太緊張也不太放鬆，兩小時即可安排四至六件事情。

看看別人，想想自己

　　李開復認為，時間管理和個人的目標相輔相成，他建議下列三個有效的方法（李開復，2006a，頁260-265）：

1. 事分輕重緩急：先做「重要的事」，而非「緊急的事」。正確區分「必須做的事」和「儘量做的事」，前者做到最好，後者盡力即可。要保護自己的時間，才有足夠時間做「重要的事」。

2. 利用高效時間：學會80/20法則，讓20%的投入，能產生80%的效益。把握每天20%的精華時間，並把80%的時間投注在20%的重要事務上。

3. 給自己一個合理的工作期限：人們有把事情拖延到最後才做的惰性，所以要給自己稍微緊迫的期限（提前完成），才不致無限期拖延。

　　什麼是「重要的事」、「緊急的事」？什麼是「必須做的事」、「儘量做的事」？這部分的判斷，是學習時間管理的第一步。

　　所以，先別急著立刻「節省時間」、「增加工作效率」，而應釐清要節省的是哪些時間？要增加哪些效率？因為時間有限（體力、心力、耐力亦然），所以要把時間花在刀口上（熱情亦然）。

二、時間管理的原則與步驟

　　史帝芬‧柯維（Stephen R. Covey）將時間管理的理論演進，分成了四代（顧淑馨譯，2005，頁127-150）：

1. 第一代：著重利用便條紙與備忘錄，在忙碌中調配時間和精力。

2.第二代：強調行事曆與日程表，注意「規劃未來」的重要。

3.第三代：講求「優先順序」，依據輕重緩急而訂定短、中、長程目標。再逐日安排時間計畫，將有限的時間、精力加以分配，爭取最高的效率 。

4.第四代：關鍵不在時間管理，而在於「個人管理」，將重心放在產出與產能的平衡上。

柯維認為第四代管理比第三代高明，有下列五項（顧淑馨譯，2014，頁203）：

1.以原則為重心：從重要性與效能看時間。

2.以良知為導向：依內在價值來安排生活。

3.定義你的獨特使命：包括內在價值與長期目標。

4.平衡你的生活：平衡發展生活中的各種角色。

5.為一週行程安排帶來更豐富的意義。

柯維將事情按照「重要」和「緊急」程度分為四類，如**表3-1**。

表3-1　按照「重要」和「緊急」程度而分的四類事務

	緊急	不緊急
重要	第一類事務──「重要且緊急」 ・危機 ・急迫的問題 ・有期限壓力的計畫	第二類事務──「重要但不緊急」 ・防患未然 ・改進產能 ・建立人際關係 ・發掘新機會 ・規劃、休閒

（續）表3-1 按照「重要」和「緊急」程度而分的四類事務

	緊急	不緊急
不重要	第三類事務——「不重要但緊急」 • 不速之客 • 某些電話 • 某些信件與報告 • 某些會議 • 必要而不重要的問題 • 受歡迎的活動	第四類事務——「不重要也不緊急」 • 繁瑣的工作 • 某些信件 • 某些電話 • 浪費時間之事 • 有趣的活動

柯維建議：捨棄第三、四類「不重要」的事務，節制第一類「重要且緊急」的事務，並投注更多時間在第二類「重要且不緊急」的事務，才是「個人管理」之鑰（頁129）。有遠見、理想、平衡、自制，所以較少危機發生。

保有及善用時間，須先確知自己的人生目標與工作價值。目標在哪裡，時間就用在哪裡。要懂得拒絕及分工，儘管因人情壓力或自己對某些事很感興趣，仍要將時間及精力集中在重要的事情上。必須學會「取捨」、「剪裁」，以免被壓得喘不過氣或產生工作倦怠。

時間管理的前提是：

1.能正確判斷每件事的重要程度。

2.能「拒絕」別人的某些請求。

3.能要求別人與你「分工合作」。

4.有休閒娛樂及充足睡眠，以轉換心情、恢復活力。

三、時間管理表的練習

聰明的時間管理者懂得運用「每日時間管理表」（**表3-2**），將例行或偶然的「活動」做最好的安排。管理表每小時分三格，代表三個「時

表3-2　每日時間管理表

年　月　日（星期　）	
6：00	15：00 ....
....	....
....	....
7：00	16：00 ....
....	....
....	....
8：00	17：00 ....
....	....
....	....
9：00	18：00 ....
....	....
....	....
10：00	19：00 ....
....	....
....	....
11：00	20：00 ....
....	....
....	....
12：00	21：00 ....
....	....
....	....
13：00	22：00 ....
....	....
....	....
14：00	23：00～6：00
....	放鬆及睡眠時間
....	

【今日最重要的事】

....　　　............................
....　　　............................
....　　　............................
....　　　............................
....　　　............................

間單位」（每格二十分鐘）；也就是建議你每小時做三件事。若A是重要或有時限壓力的事務，一小時內可分配給A兩個時間單位，再交替做B、C、D等事務。

這樣既有足夠時間完成A，同時也未忽略其他重要工作。時間計畫可以很有彈性，如：ABACAD、AABAACAAD、AABCAADB等均可。即使中途放棄或被干擾，也沒有關係，重新計畫即可。時間計畫本就是助力，可以更靈活、有彈性。

生涯目標必須依每日時間計畫來達成，先安排讀書、寫作業、休閒等時間後，再以「倒數計時器」提醒，時間一到響鈴（有點像鬧鐘）。對於某些逃避的事情，趁著還有微弱「罪惡感」時，利用計時器強迫自己「做五分鐘」以破冰，就會產生「小信心」，較容易接著繼續做。

四、早睡早起、睡眠充足的價值

建議養成「早睡早起」的習慣，並且要睡眠足夠。住在學校宿舍時，多半沒有門禁或熄燈時間，但住在家中也因父母態度開明而不干涉你，於是生活作息可能大亂，容易變成「夜行動物」，不利於身體健康及工作效果。

要生活充實又有意義、從容又不瞎忙，以及能夠贏過別人，最好不要「熬夜」。為使身體器官及腦子得到應有的調息，晚上十一點前上床、早上七點前起床，不僅睡眠的時段較正確（配合「生理時鐘」）、時間較足夠，也會因為早起而多出好幾小時「高效時間」。

看看別人，想想自己

　　稅所弘是日本「早起心身醫學研究所」的創辦人，他強力推廣「晨型人」的概念與行動（吳琬瑜、張漢宜，2008）。根據稅所弘的定義，早上六、七點起床只能算「早起」，五點起床才是「晨型人」。稅所弘認為，早睡早起與身體健康、工作效率有絕對的關係。「夜型社會」的生活形態，最大的極限是30歲。

　　許多人問他：生活習慣早已固定，如何轉為「晨型人」？他建議使用「循序漸進法」，先把鬧鐘調早半小時，連續一、兩週後，再提早半個鐘頭。依此類推，讓生理時鐘慢慢習慣早起。

　　其實最難的還是意志力，如何在鬧鐘一響即「一鼓作氣」的離開床舖？春、夏時節開始練習早起，難度會比冬天低很多。

　　稅所弘說：「想加入『晨型人』的行列，最重要的是『早睡早起』。而不是前一天熬到半夜，然後沒睡幾個小時就勉強起床，那樣只會加速『過勞死』。」

　　年輕人普遍晚睡，造成晚睡晚起、生活作息大亂。或因網路成癮而浪費許多時間，影響身體及精神機能，學習及工作效率也不穩定。但年輕人常自覺體力好，以為不管怎麼熬夜，睡飽就能補回來。然而報紙頭條曾登載，一位24歲的清大研究生疑「過勞死」。

　　清大材料科學工程系碩二黃姓學生陳屍租屋處，女友說他自從上了研究所之後，作息和飲食變得不正常，每天只睡三小時，總在凌晨二、三點才睡，常抱怨不舒服、頭痛。家人說他最近重感冒服藥，疑藥性過強。檢方相驗後，研判過勞體力虛弱猝死，也不排除藥物致死。

醫師表示，過勞死是長期慢性疲勞所致。累積疲勞的程度超過身體負荷時，會影響內分泌、自律神經等整個生理機能。器官功能下降，心血管過度收縮、缺氧、硬化。身體會發出頭痛、肌肉痠痛、憂鬱、失眠、注意力不集中、記憶力減退等警訊。如仍持續過勞，則可能因心血管毛病猝死，年齡多為20～45歲。現在大學生普遍熬夜、晚睡，作息不正常，應多加警惕。

報載（楊欣潔，2012），台灣健康促進基金會（2012年12月16日成立）執行長劉輝雄說，要避免慢性病上身，應養成七種健康習慣，包括：不抽菸、不酗酒、規律運動、保持適當體重、充足睡眠、每天吃早餐、不吃額外點心。如果年輕時生活習慣太差，就會罹患「生活習慣病」。男性約在30～35歲、女性則在35～40歲，易引發心血管及肝腎方面重大疾病。發現時幾乎為時已晚，往往無法痊癒與復原。

你的生活作息如何？距離「早睡早起」還差多遠？想要怎麼改善？

Chapter **4**

學習意願與可塑性

🦋 第一節　從心愛上學習

🦋 第二節　讀書是為了什麼？

問題如何解決？

小敏說：「我實在不喜歡系上的某位教授，他愛說教又常諷刺學生。但他的課是「必修」，只能勉強自己去囉！但這麼「虛假」真的好痛苦！

每次上課前，小敏都會掙扎要不要翹課。但如果不喜歡教授就不去上課，會不會損失太大？學習的好壞主要還是看自己的態度與能力吧！除了上課，還可以自行閱讀、與同學討論、向學長請教，不應該太依賴老師！

雖然如此，小敏還是要處理「討厭」的情緒。如果今天你討厭某位老師，將來可能討厭某位老闆、同事及客戶；這可能影響你的業績、升遷與身心健康。到時候可以因為討厭某人而不去上班或離職嗎？

要如何從正向或全面觀點重新評估自己為何討厭這位教授？若因為不想與他接觸而放棄學習，會否得不償失？

小敏自問：我是否可以把自己的意見與想法與那位教授溝通（所謂「不打不相識」）？說不定他可以成為我的「貴人」。

小敏想：雖然勉強自己去上課很「虛假」，但我是否要學習「接納」別人的「教導」，即使與我想得不一樣甚至覺得刺耳，但也許能讓我「成長」。以後主管、前輩、客戶也可能用我不喜歡的方式來「教導」我，那時可以逃開、拒絕嗎？會不會被認為「不受教」？

「山不轉，路轉；路不轉，人轉；人不轉，境轉；境不轉，心轉。」長大了就要學習不固執、隨機應變。

第一節　從心愛上學習

　　有些學生因為資質佳、求學過程諸多的成功經驗使他們不禁「自負」，覺得老師的教學方式及內容不符合自己的期待、很浪費時間。但批評學校或老師，並不能改變現狀。遇到不喜歡的課程時，可以自行學習或向他人請教，也可試著與老師良性溝通，提出自己的學習需求與困惑。

　　另外，學著瞭解你不喜歡的老師，也許他有某些你沒看到的優點；例如，他瞭解職場實況，他會邀請業界人士到課堂演講，他會帶領學生實地參觀等。不要因為不喜歡老師的某些地方，就否定他帶給你的學習效益。

　　教學成敗是師生共同的責任，老師有盲點，需要學生適時反應與建議。也許是老師太嚴格而把學生嚇跑，或過度期望而使學生反感；但也可能因過於迎合學生，反而使學生不尊敬他。

　　這時老師固然應該調整，學生也須增加適應力、溝通力（向上管理）。若壓抑、隱藏自己的感受，或只是一味批評、抱怨老師，不但讓老師沒機會解釋與改善，也破壞自己的學習味口與師生關係。日後要如何接納別人的教導、真正地「自主學習」呢？

一、正確的學習心態

　　學習成效的關鍵首在學習心態，求學不能光憑老師授課，自己的思考、觀察、實踐與體驗更為重要。老師縱然高明，卻不能代替我們學習。老師教得再好，若自己沒有學習動機、不能主動學習，效果仍然有限。

　　如何養成自我學習與獨立思考的習慣？大學的一門課程，每週不過二、三小時；若無課前預習與課後補充，如：整理筆記、到圖書館借閱相

關書籍與期刊論文、與同學討論、向學長及教授請教、將理論在日常生活及工作上印證等,即無法深化學習。即使考試得高分,也僅獲得「知識」而無法延伸「應用」。

二、自學的方法

李開復(2006a,頁279)說:

自學能力應該在大學期間開始培養,許多同學總抱怨老師教得不好,但大學生不該只會跟在老師身後亦步亦趨,而應主動走在老師前面。最好的學習方法是老師講課之前,就把課本中相關問題琢磨清楚,然後在課堂上對照老師的講解,彌補自己在理解和認識上的不足。

除了資深教授,大學的青年教師、博士生、碩士生乃至同班同學,都是知識的來源和學習夥伴。充分利用圖書館和網路等各種媒體和資源,除了學習老師規定的課程內容外,還要查找書籍和文獻,接觸更廣泛的知識和研究成果。

李開復還說(2006a,頁281):

自學時,不要因為達到學校的要求就沾沾自喜。21世紀的今天,人才已經變成了一個國際化的概念。建議開始自學一些國際一流大學的課程,例如美國麻省理工學院的開放式課程,已在網上無償發布。

李開復認為,大學是人生的關鍵階段,有許多「第一次」,同時也有許多「最後一次」(2006a,頁291):

最後一次有機會系統的接受教育。

最後一次能全心建立你的知識基礎。

最後一次將大段時間用於學習。

最後一次擁有較高可塑性，可以不斷修正自我。

最後一次能在相對寬容、學習為人處世之道的理想環境中學習。

三、英文能力與競爭力

雖然大家未必如吳寶霖對英文有特別的興趣，但李開復強調：「有

 ## 看看別人，想想自己

任教於台南大學英美語文系的吳寶霖，曾錄取美國十一所名校的英文研究所博士班（最後他選擇了威斯康辛大學麥迪遜分校）。因為他的托福、GRE及專業學力測驗都接近滿分，使他獲得五年研究生教學獎學金，並減免學雜費、保險費，每年還有10,000～18,000元美金當零用錢。

他如何培養自己的英文能力？從國中起他開始：

1.聽廣播練習聽力（常春藤美語）。
2.閱讀英文期刊，不懂的查字典或問國中英文教師的父親。
3.讀中英對照之簡易版、摘要版書籍（湯姆歷險記、頑童流浪記）。
4.背字典單字，將新學到的單字、片語寫成句型或作文。

大學聯考時，吳寶霖只填了十二個英文系為志願。台大英文系推甄敗北，讓他警覺到自己所學不足，於是先讀彰師大英文系，畢業後再讀台大外文研究所碩士班。

些事即便不感興趣也必須做，包括學好英語（2006a，頁290）。」現今社會「英語」已是重要的謀職條件，國內大學多將「英檢」設為畢業門檻。

報載（陳智華，2012），美國教育測驗服務社（ETS）公布，2011各國多益（TOEIC，Test Of English for International Communication）平均分數：台灣為542分、南韓626分、日本510分。南韓的分數較高，因為大企業招募新進人員要求英文多益門檻為700分（有的甚至要求800分）。ETS指出，南韓員工的英語即戰力策略奏效，讓南韓大企業在全球市場競爭中快速崛起。

2014年的多益成績：中國大陸考生平均671分、南韓646分、台灣536分、香港532分、日本512分。追蹤台灣多益平均成績，2015年為532分，2016年為537分，2017年為544分，2018年為552分，緩慢進步中。

ETS（多益）台灣區總代理忠欣公司收集2018年台灣大型企業對人才國際化的問卷結果（400家企業）經統計發現，平均招聘新人要求的多益成績為582分，但我國大專校院學生的平均成績僅514分，有明顯落差。綜觀全亞洲十二國及地區，台灣2017年多益成績在中段班，輸給菲律賓、韓國、馬來西亞、中國。托福成績排名第八，輸給印尼、韓國，與新加坡、印度等雙語國家還有很大的落差。

四、善用學習資源

大學要能自主學習，包括給自己「出任務」（挑戰）。讀書不是只為獎學金、書卷獎或父母說「書中自有顏如玉，書中自有黃金屋」，而是探索未知，增加「知識力」以求融會貫通。藉由他人的經驗與智慧，儲備自己的問題解決能力。要到哪裡去「求學」或「挖寶」呢？

(一)善用圖書館、通識課程

大學的「空堂」是提供「自我學習」的時間，主要的資源是圖書館。雖然電腦搜尋功能發達、電子資料庫豐富，但閱讀完整的書籍、期刊、雜誌，仍然不可或缺。

不論課程需要或自我充實，應將「借書」變成習慣。以課程需要來說，儘量多閱讀同一科目的相關或補充教材，再與老師的上課內容或指定教科書對照，不懂或困惑的地方多向老師、學長或同學請教。如此一來，對於專有名詞或理論應可更清楚地掌握，不必背誦一知半解的死知識。

除課程需要之外，也應廣泛閱讀其他領域的書籍。余秋雨說（1998）：

> 現在很多所大學都發現了學生只沉溺於專業的弊病，開設了通
> 識教育課程，這是一個很好的辦法，但同樣作為一門課程，即
> 使通識教育也保留著某種難於克服的狹隘性與被動性。因此不
> 管功課多重、時間多緊，自由的課外閱讀不可缺少。

余秋雨建議先找些名著墊底，其他書籍也要廣泛瀏覽，當中有大量能契合及提升我們的東西。許多社會賢達會提供「一生必讀的好書」的書單，例如：前中研院院長李遠哲推薦：《居禮夫人傳》、《理想國》、《國富論》、《夢的解析》、《苦悶的象徵》、《物種起源》、《第二性》等。前教育部長曾志朗推薦：《西遊記》、《三國演義》、《福爾摩斯全集》、《紅樓夢》、《金庸小說全集》等。可當做參考再依個人興趣及時代趨勢做深度閱讀，能與志同道合者組成讀書會更佳。

(二)到國外修「雙聯學位」、當交換生，或海外實習、國際志工

這是培養自主學習、獨立思考、突破學習困境的大好機會，國內不

少大學和國外姐妹校合開雙聯學位，到國外修課一至二年，可同時拿到兩校學位。例如：交大與比利時的魯汶大學、台大機械所博士班與法國巴黎第一大學、台大政治系與日本早稻田大學、成大與美國凱斯西儲大學等。

除了修學位，也有短期的交換生。例如：交通大學部分科系的新生及大學指考各學系名列前5%錄取者，可出國一學期，到國外名校如柏克萊或伊利諾大學當交換生，或到矽谷及南加州的科技公司實習。國立高雄大學提供大三升大四的學生，每年數百個到海外工讀的機會，並提供成績優異學生出國留學補助。台大也交換學生到劍橋、牛津、加州柏克萊等名校就讀。

其他如海外實習、國際志工等「歷練」，都能使人眼界大開、火力全開，增加抗壓及應變能力。

海外實習與國際志工：舉例介紹

一、YMCA青年培力計畫（Youth Empowerment）

YMCA提供青年朋友體驗生命及發現自我潛能的機會與環境（space），從中啟發自我成長與蛻變（transformation），並對自我、社區及世界有所影響與貢獻（impact）。透過各種活動的參與學習體驗國際文化並自我成長與獨立。

YMCA的志工運動開始於1844年，到目前全球各地會員總數超過6,000萬，分會超過2,600處，服務地區涵蓋地球陸地表面70%，是全球最大，歷史最悠久的非政府組織。

一個起源於英國倫敦的志工運動，為何能歷久彌新，這裡頭有其道理存在。如：「全球精神，在地服務」、「培養青年領袖人才」、「基督教

博愛的精神」。

　　年滿15歲以上，具備良好的適應能力以及服務的精神，願意敞開你的心去接近陌生的土地，無論高中生、大學生或社會青年都可參加。

二、青年海外和平工作團計畫（105年6月28日核定）

　　為拓展青年國際視野，鼓勵青年從事海外志工服務，引導青年從台灣走向世界，教育部青年發展署（以下簡稱教育部青年署）積極推動海外志工服務，每年補助國內大專校院及依法設立之民間團體提案申請，服務範圍遍及五大洲。

　　服務類型多元，涵蓋了教育、人道關懷、文化、環境、衛生、華語文教學及資訊等。不僅拓展青年國際視野，同時提供探索及發現不同國家生活習慣及文化的機會。

你曾經去過或考慮要去國外當交換學生、留學、實習嗎？過程及結果如何？或訪問一下去過的人有何收穫。

🦋 第二節　讀書是為了什麼？

　　如果想成為某個領域人才，就得選擇該領域的代表性學校；即使該校不是一般人認為的「明星大學」，仍然值得。但我國的父母師長相當重視「知名度」，以為「先進入一個好學校，暫不需考慮自己的興趣與特長，入學後再轉系就可以了」。這樣的想法並不保險，萬一轉不成，難

道要繼續浪費時間在不適合的學系上？就算出身於名校，若專業知能不精、就業條件不足、態度不正確，一樣找不到工作。李開復認為，大學必須培養學生日後能「適合工作環境」（2006a，頁271），如：

> 不是聽話的，而是有判斷力的；
>
> 不是得高分的，而是全面發展且情緒智商高的；
>
> 不是追逐熱門科系的，而是有理想且熱愛學習的；
>
> 不是只知道答案的，而是知道「怎麼做」和「為什麼」；
>
> 不只滿足課本，而是會思考、能舉一反三、融會貫通。

哈佛大學教育學博士、變革領導中心主持人東尼‧華格納（Tony Wagner），擔任多年高中教師與校長，在《教出競爭力——劇變未來，一定要教的七大生存力》一書，提出當今職場需要具備的七項核心競爭力與技能如下（宋偉航譯，2012，頁45-74）：

1.批判思考和解決問題的能力。

2.跨網絡合作與影響力領導。

3.隨機應變與靈活適應。

4.積極主動與勇於創發。

5.良好的口頭與文字表達能力。

6.接收資訊與分析資訊的能力。

7.求知慾和想像力。

為什麼要讀大學？讀書是為了什麼？因為：

一、瞭解學習的價值

找到自己的興趣與性向後，讀書就能自動自發、樂此不疲。「知之

者不如好之者，好之者不如樂之者。」（《論語·雍也篇》）孔子非常看重學習的樂趣，認為最能代表自己的就是「好學精神」（「十室之邑，必有忠信如丘者焉，不如丘之好學也。」《論語·公冶長篇》）。

孔子認為「博學」是後天努力的成果（「我非生而知之者，好古，敏以求之者也。」《論語·述而篇》），只要多學幾遍（「好學不輟」），再愚笨、軟弱的人也能獲得知識精髓，變得聰明、堅強（「人一能之，己百之；人十能之，己千之；果能此道矣，雖愚，必明；雖柔，必強。」《中庸·第二十章》）。

孔子說：「教導學生，除非他想瞭解而不得其解，否則不去開導他。不到他想表達意見卻說不出來，不去啟發他。教給他一個部分，若他不能由此推知其他相關的地方，就不用再教了。」（「不憤不啟，不悱不發，舉一隅不以三隅反，則不復也。」《論語·述而篇》）。

孔子說：「學習不限於一業、一才、一藝，要適應各方、多面通達，要兼顧學識與德行。」（「君子不器。」《論語·為政篇》）

看看別人，想想自己

畢業於台科大二技的張文展，五專時就很用功，常被同學戲稱「書呆子」，他欣然接受這個綽號，同學質疑：「書呆子有什麼好？只會讀書，什麼都不會！」他說：「雖然你認為做一個書呆子不好，但你可曾想過自己要成為怎樣的人？」

文展常常會思考自己要成為怎樣的人，哪些地方是自己的興趣，以後要過什麼樣的生活。一般同學覺得：「想那麼多幹嘛？開開心心過每一天就好！」是呀！那是因為你現在是學生，可以過著被保護的生活；離開學校後，還能這樣嗎？必須面對很多問題、困難及挑戰。

　　文展發現不少人跟他一樣，十分珍惜學習機會。他說：「我的班上有一半同學當兵回來再讀大學，他們都很用功，他們說因為以前浪費太多時間了。其中有位同學曾經沉迷網路遊戲、以網咖為家，所以現在花更多時間讀書以彌補過去的蹉跎。」

二、人生沒有太多時間浪費

　　除了知道珍惜學習時光，上大學最怕的是選錯系，不論轉系、轉校或重考都很麻煩。國科會曾委託學者調查結果發現：近半數大學新生不確定是否選對了科系，超過三分之一認為所讀科系不是當初想要唸的，四分之一想要轉系。對目前學系無法產生興趣，應儘速找尋其他出路，別一直拖延。轉系不成，可以修讀輔系、雙學位或學程。

　　成功大學自96學年度起開辦「不分系學程」，原僅限大一學生，後來更名為「大一至大四全校不分系學位學程」，協助學生主動學習、探索不同學科領域，確定性向後再進入各院系（選系）。因為現今人才的需求不只看專業，還要求「跨領域」的能力。

看看別人，想想自己

　　畢業自南台科大的胡湘媛說：

　　聯考成績出爐，我對考上的科系沒興趣，當下決定先讀南台科大企管系夜間部，入學後再參加轉系考試。

　　大一下，我轉進設計學院視覺傳達設計系（夜間部），我還想再轉

日間部卻落榜了。轉念一想,如果所學都一樣,何必在乎日校或夜校?

　　就讀夜間部讓我學會時間管理,因為白天要上班,所以夜間上課很累,但我累得開心、充實。要說日、夜間部的不同,應該是夜間部學生更早接觸社會吧!能吸收社會經驗、磨練自己,畢業後比剛起步的社會新鮮人更快進入狀況。

　　選擇夜校、轉系,成敗均由自我負責,所以感到快樂。「興趣」是支持我前進的動力,儘管困難重重,我還是會堅持下去。

　　不少大學生選擇「延畢」,但也有人反其道而行,設法提前完成大學畢業學分。

看看別人,想想自己

　　台科大營建系的陳冠宏,不但提前一年畢業,還順利推甄上台大研究所。他說:

　　剛進大學時我告訴自己,大學四年一定要多學點東西。不僅課業上維持一定水準,也要多接觸優秀的人。因此,我為自己訂定一個目標:四年後考上台大研究所。

　　因為過去我很貪玩,想趁大學期間把不足的補回來。於是,我每天在自習室念書到十一點才回寢室。也因為這樣,我忽略了其他許多事;縱使成績不錯,仍覺得這樣的人生不完美。

　　我的得失心過重,常常為了幾分之差,使自己壓力太大,一度接受心理輔導。幸好有個非常瞭解我的朋友不斷鼓勵我,才慢慢導正我的心態。

　　從此我有了很大的轉變,抱持著對新鮮事物的熱情,也曾在國際比

賽獲得不錯的成績。印象最深的是大三下學期，一面準備台大研究所的推甄資料，一面注意學校課業以利提前畢業。

　　我非常感謝幫助、提拔過我的每一個人，讓我終於達成目標，順利提前畢業，並推甄錄取台大研究所。我幫家裡省了一年的學費，也添加了更多自信。

為什麼要讀大學？請列出三個理由與同學分享。

1.

2.

3.

你目前所讀的科系是否為自己的興趣？也請列出三個理由證明。

1.

2.

3.

 看看別人，想想自己

陳冠宏　甄選研究所履歷表

(一)基本資料

　　姓名：陳冠宏

　　出生地：台中市

出生年月日：民國○○年○月○日

性別：男

籍貫：台灣省台中縣

興趣：閱讀、游泳、跑步、看電影、手工藝、模型製作

本科專長：材料力學、結構學、RC

特殊專長：速打、組裝電腦、影片剪接

電腦能力：Microsoft Office、C++、AutoCAD

(二)特殊表現與經歷

★比賽事蹟

2006年　亞太抗震盃國際邀請賽　地震工程模型製作　首獎

94年度　混凝土試驗創意競賽　第二名

94年度　大土盃紙橋載重比賽　全國第三名

93年度　大土盃紙橋載重比賽　全國第二名

92年度　全國工科技藝競賽測量工　全國第四名

★研習事蹟

參加教育部舉辦的「96年度歡樂英語列車」，同時獲得合格證書

參加台灣科技大學的「95年度幹部訓練研習」，並擔任組長

參加台灣科技大學的「96年度寒假英語密集班」，同時獲得合格證書

參加教育部舉辦的「95年度歡樂英語列車」，同時獲得合格證書

參與大專院校聯合的「94年度未來領袖菁英養成學院」研習活動

擔任94、95年度營建系系友會會務助理

(三)成長背景與興趣

　　出生於台中，爸媽皆從事金融業，姊姊在國外遊學，屬於小康家庭。成長過程中父母以民主方式管教我，大部分都讓我們自由發展，因此從小

養成獨立自主的習慣,個性積極樂觀。

　　父母十分重視「責任感」的培養,教導我們成為一個能對自己負責任的人。因此,如今在做人處事及學習上,我都以謹慎態度面對,妥善處理份內的事。

　　大學生活忙碌而充實,也覺得健康十分重要,因此游泳、跑步及閱讀是我的興趣。游泳能幫助我抒解壓力,也能藉此鍛鍊身體,讓身心維持在健康狀態。

(四)人格特質

　　我是一個很有學習熱忱的人,對於知識的攝取總是抱持積極的態度,每每學到不同的觀念,就會覺得非常充實、滿足。我始終抱持著在能力許可範圍下,一定全力以赴的處事態度,故有時對自己的要求較為嚴格,但我想這是突破自己、自我挑戰的方式。

　　「高中時期」是我人生的第一個轉換點,當時的導師啟蒙了我讀書的興趣,憑著這份興趣及自身強烈的企圖心,使我到現在(大四)仍然維持著耀眼的成績。

(五)多元學習‧競賽成果

　　為了拓展視野,除了學校課業外,我也樂於參加校內外的活動及競賽,並榮獲國際性比賽「亞太抗震盃國際邀請賽」首獎及全國性比賽「大土盃紙橋載重比賽」第二名的殊榮。這不僅是對我專業知識的肯定,也成為我繼續努力的動力。

　　寒暑假期間,我也參與許多研習活動,像是校內「幹部訓練研習」、教育部舉辦「暑期英語研習營」及許多大專院校聯合的「未來領袖菁英養成學院」研習活動等,同時也獲得合格證書,這些都讓我受益良多。

　　在這過程中,除了自我充實,也因此拓展校外人際脈絡,並結交了

許多其他大專院校的朋友，這對我而言是更珍貴難得。

(六)社團表現

社團活動中，我曾參加營建系學會，並擔任營建系系友會的會務助理，有了這樣的管道，使我有更多的機會與畢業的學長們接觸、溝通、學習，並協助系友會舉辦各種活動。

許多畢業學長是業界名人或明日之星，能夠跟著他們學習，不但能更快熟悉有關工程實務的一面，也能準確的瞭解業界各樣的知識與新資訊。另一方面，由於時常與各式各樣的人物接洽聯繫，訓練了我的「公關」能力，這樣難得的機會與經驗，讓我覺得受益匪淺。

(七)專業興趣

為了達成自我實現，我對自己的要求十分嚴格謹慎，從大一開始，就在「物理、微積分、靜力學」這三科基礎課程上穩紮穩打，以奠定專業科目的基本能力，最後以全系最高分取得這三門課程學分。

大學的第二年，課程規劃開始進入專業領域，我也在這當中不斷摸索、發掘自己的專業興趣。「材料力學」讓我強烈感受到那股濃厚的興趣及學習的熱忱，讓我沉浸在追根究柢的樂趣裡頭，也激發我想澈底瞭解每一個細節的動力，憑著這樣的動力及努力不懈的精神，我以99分的高分修得此門課的學分，這樣的肯定讓我進而挑戰「中等材料力學」，最後也同樣以98分的高分完成修課。

此外，舉凡與「結構領域」相關的科目，都能激發我的興趣，讓我在這些科目的表現上，得到老師們的肯定及取得學業上的領先。

為了均衡專業能力，我也全力以赴在其他選修的專業課程上，期望將來可以應用在結構領域的研究。在這當中，更是發掘了自己在「邏輯思考」這方面的興趣及潛力，在「或然率、工程統計」的課程表現，也得到

優等成績的肯定。

　　「英文能力」是走進「地球村」培養國際觀的必備工具。因此在大學生涯裡我從未間斷學習英文，除了在各學期選修英文課程，更在每年寒暑假參加各種英文研習營或英文密集班，不斷提升自己的英文能力，最終目標是「讓英文成為我的第二語言」，而我也會繼續朝這樣的目標邁進，持續在這方面下苦工。

(八)展望

　　「台大土木研究所：結構組」是我從高中開始所努力的最終目標。台大除了是第一學府，在學術界與業界更是廣受好評，而我之所以以此為目標，無不是希望在不同的求學環境中開拓視野、拓展人脈，認識更多優秀的人並向他們學習。另一方面也希望藉由台大一流的師資、設備及豐富的學習資源，作為最佳的學習環境。

　　若順利錄取，除了致力於專業領域的研究，也將繼續把握時間努力進修英文，且多多閱讀，以獵取更多知識來自我充實，甚至出國留學來增廣見聞，培養自己不同的思維能力，以提升自我競爭力。相信朝著這樣的目標邁進，並抱著謙虛的態度學習，有朝一日必能回饋學校、業界及社會。

(九)就學與生涯計畫

　　★短期計畫（現在到進入研究所）

1.提升英語之能力，達到聽說讀寫均流利之程度。

2.錄取研究所後，將開始做研究所結構組之相關課程的準備，奠定基本功夫。

3.與指導教授研討未來研究方向。

4.廣泛閱讀課外書籍，以提升自己的人文素養。

5.學習電腦程式撰寫與軟體應用。

★中期計畫（進入研究所時期）

1.閱讀英語期刊與書報，以提升自己的英語實力。

2.閱讀土木相關之書報期刊。

3.參與土木學術演講，以提升專業知識。

4.時常與指導教授討論研究之進度，學習最新資訊。

5.學習專業領域上之電腦軟體應用，並熟習程式之撰寫（如：Matlab、PISA、SAP、EnergyPlus）。

6.欲研究之方向：結構物耐震設計、減震系統、結構可靠度分析、高樓結構設計建築節能。

7.參加TOEFL、GRE考試，作為出國深造的預備。

8.出國深造。

★遠期計畫（生涯理想與抱負）

　　想要在社會上立足，必須要在專業領域上下功夫，提升自己的實力，比別人有更深入的瞭解。近年來地球暖化的問題愈來愈嚴重，而土木工程對環境造成的衝擊也相當的大，因此在建築物的設計上，除了安全、美觀之外，能源的有效利用也是必須重視的問題。因此我將朝著這一方面努力，希望為大眾設計出安全又環保的建築物，成為一個稱職的工程師。

　　在我們這個時代，不再只是談論專業能力的訓練，還須培養整合能力。專業能力固然重要，但整合能力是無論在任何事情的處理上都必須擁有的，因此也必須朝此目標前進。不應侷限於某一部分，時常翻閱土木相關之書報期刊，涉獵各方面的專業知識。

　　土木工程乃大型工程，必須仰賴大量人力才能完成所有的作業，獨自一人是無法完成的，因此須具備團隊合作精神，以更多面向的角度看事物。同時在經過同儕之間的腦力激盪後，不但個人的能力會更進步，工作也更能順利完成。

Chapter 5

抗壓性與情緒管理

- 🦋 第一節　抗壓的意義與重要
- 🦋 第二節　情緒管理的困難與方法
- 🦋 第三節　問題解決與危機處理

問題如何解決？

　　小月從小就比較沒有自信，不論在家裡、學校或與親戚的小孩相比，似乎都輸給別人。父母的責備與嘆息，也使她愈來愈畏縮。

　　小月覺得自己怎麼努力都沒用，於是變得悲觀，不敢再嘗試或冒險。別人怎麼鼓勵也沒用，因為到頭來一定白忙一場。小月成了失敗主義者，成就動機與心情都很低落。

　　雖然大家都知道「天生我才必有用」，每個人至少都有一項才華比大多數人好，可稱為「天賦」。但小月認為自己沒有優點、特色，是否因為自我標準太高、把成功想得太難？要怎麼解決這個問題呢？

1. 「找出」自己的天賦：過程中要不斷「自我暗示」——這是上天賜予我安身立命的禮物，「上天有好生之德」，一定會公平對待每一個人。這份才能不一定是學業成績或看得見的傑出表現，也許是一種性格、態度、嗜好，卻能夠幫助周遭的人。
2. 培養實力：藉由參加社團、活動或比賽，使這項才能「熟能生巧」，在「勇氣」與「實力」之間產生良性循環。自信不是「盲目樂觀」而是須透過實力獲得，自信也不是「高人一等」而是「自我超越」，所以要充分認識及發揮自己的價值。

　　「要怎麼收穫先那麼栽」（胡適語），謹守本分、默默耕耘，總有一天「不鳴則已，一鳴驚人」（《韓非子・喻老》）。

第一節　抗壓的意義與重要

　　心理學家佩克（Peck, M. S.）認為人類精神生活及適應，需要四項紀律：延緩報償、承擔責任、活得真實、尋求（情緒）平衡，此四者即為「自我功能」的核心。鄭石岩說（2007，頁170）：

> 知識、技能和職場上的動力，都是運用這四項工具發展出來；
> 不但是使一個人變得能幹的條件，更是一個人開展健康人生的
> 資源。

　　鄭石岩發現，成年人在職場上好逸惡勞、缺乏耐心、挫折忍受力不足、不能承擔責任，多半是因為從小到大父母代勞太多，什麼好東西都讓他們先享受。

　　壓力是主觀感受，自覺對某些事情無法掌握時，就會產生壓力。愈想要擺脫或逃避，反而壓力更大。困境出現或受到批評、挑剔、指責時，承受挑戰及挫敗的能力就是「抗壓性」。抗壓性足夠，不但不怕壓力，還能化壓力為助力，此即為「優壓」。抗壓性不足，難以承擔責任，易於情緒崩潰，禁不起挨罵或考驗，此即為「劣壓」。同一種壓力因不同的人而有優劣，關鍵在於人而非壓力。

　　有些人被稱為「草莓族」、「果凍族」（外表光鮮、一碰就碎）或冰塊族（不碰也會自己融化），就是抗壓性不足的形容詞。如果覺察到壓力，為避免擴大，可以這麼做：

1.自我覺察：是否為恐懼、逃避心理作祟？
2.邊做邊學：對於困難的事可先從簡單的入手，不會的地方先休息再多研究一下或向別人請教。
3.自我激勵：不斷替自己打氣，想像著目標達成的無比喜悅。

4.休息是為了走更遠的路：要有充足的睡眠與運動，這樣才有體力與心力來應付壓力。

一、抗壓成敗的原因

預期心理又稱為「畢馬龍效應」（Pygmalion effect），「畢馬龍」是英國劇作家蕭伯納作品的人物，在古希臘神話故事中，藝術家畢馬龍愛上了自己雕刻出來的美女。這份真誠的愛，竟使雕刻變成有生命的人，而且做了他的妻子。

成功者始終相信──「我要成功」、「我做得到」，即使過程痛苦、艱難也不放棄。如果信念變弱，成為「想要成功」甚至「可能會輸」、「可能做不到」，就會失去信心、離成功愈來愈遠。

「高成就動機者」發展出「精熟導向」歸因，會盡力將事情做到熟練。他們相信「成功是因為能力強，失敗是因為努力不夠」；所以失敗時會自我檢討、力求突破。反敗為勝後，自信及身價均得以提升。

以自我功能來看，勝利者總是正向思考（positive thinking），他們並非否認消極面的存在，而是設法從惡劣環境中尋找到最好的結果。反之，失敗者因無法有效處理挫折，產生「習得的無助感」（learned helplessness）──一種絕望心態與負面訊息，如：

「我無法做這個，我的努力一定會失敗。」
「這些我都試過了，一點效果也沒有。」
「就算這個問題解決了，還會有更大的問題啊！」
「問題非常嚴重，靠我一個人努力沒有用！」
「經濟不景氣，害我都沒有工作機會！」
「你根本不知道我有多辛苦！這麼努力卻沒有回報！」

負面訊息形成「自行應驗的預言」（self-fulfilling prophecy），因為預期失敗而放棄努力。他們看不見缺失，不能對症下藥，只認定自己可憐、是受害者。因而自我功能、自我效能、成就動機愈來愈低，挫折感則愈來愈高，使失敗與失望之間產生高度連結。

二、重新灌入「成功軟體」

失敗是從「有夢想」變成「不敢夢想」，成功則從「不敢夢想」逆轉為「有夢想」。日本研究「想像力訓練」的西田文郎說，人有三種類型：預感「辦得到」的人、「也許辦不到」的人、「辦不到」的人，這些都是受到儲存於大腦中過去的資料影響。透過改變大腦的儲存資料，就能改變一個人。西田文郎的實驗成果證明，重新灌入「成功軟體」，就會出現迥然不同的人生（林芳兒譯，頁94）：

> 只要將思考、想像、情緒這三項切換到正面，大腦這個超級電腦就會自動開始實行「邁向成功的軟體」。去想「一定會成功」，可以真實的想像「成功的自己」，感受到「成功的喜悅」。

對於原本排斥或拖延的事情，要將腦中想法從「不愉快」轉換成「愉快」。例如：設法從「討厭讀書」變成「來享受吧！」對於不喜歡的人、事、物，也都要重新輸入正向念頭。例如：

> 「去上學→去最有趣的地方」
> 「讀書→澈底的享受」
> 「麻煩的事→是提升自己能力的機會」
> 「討厭的老師→是對我非常有幫助、值得感謝的人」

　　將思考、想像、情緒三者都切換到「正面」，並不是容易的事。愈偏向負面思考、負面想像及負面情緒時，要扭轉也愈為困難。其實，成功或放棄都是自我的選擇，想成功的人不僅將思考、想像及情緒從「負面」轉為「正面」，而且是「更加正面」。

　　以找工作來說，放棄者想到的是不景氣及失業，成功者則相信「只要做出好東西，就一定能生存」，如：近來社會注意的議題——社會企業（Social Enterprise，簡稱SE）。是指企業經營回饋於社會公益，社會企業不接受補助，儘量自給自足；有自主運作能力，將利潤分配給成員，並增加僱用人數。可以較一般非營利組織獲取更多盈餘，並透過財務自主達到公益目的。社會企業的三大發展方向是貧窮、教育及環保，從環境生態、觀光創新、家事服務等具體面向著手，在台灣尚屬萌芽期，但有很好的前景。

　　一般創業也不會順利，要經歷許多考驗，要忍受挫敗的痛苦，要支撐下去。沒有五、六年甚至十年的堅持，不會成功。

看看別人，想想自己

　　余志海以「多背一公斤」名聞兩岸三地（何定照，2013），他花了五年時間才找到正確的社會企業方向與營利模式。他說：「只要做出真正的好東西，錢就會追著你跑。」

　　創設「多背一公斤」，他只想呼籲像他一樣的旅行愛好者，藉著旅行將物資帶給偏鄉小孩。結果響應者多到讓他不得不辭去原本工作，以社會企業為專職。

　　先前他試過賣書、捐書、救災、建圖書室、出售公益卡、建公益網站等，都失敗了。最後終於摸索出正確做法，請志工背物資赴偏鄉，將學

校所需的支援「背上來」。

　　他針對偏鄉欠缺的課程、活動設計指南手冊，做出「一公斤盒子」。外貌是一個手提盒，內含整套教學材料及指南。如今「一公斤盒子」發展出美術、手工、閱讀、戲劇四類，已有兩千多所學校擁有。

　　做出「一公斤盒子」後，眾多企業主動邀他設計教學工具包、教育訓練包、救災工具包等。實用的設計加上趣味的包裝，讓這些產品大受歡迎。公司終於轉虧為盈，創造出三百五十萬台幣的年營收。

　　以青年創業來說（吳淑君，2013），宜蘭縣政府規劃「創創一村」、「創創二村」，希望返鄉青年到「創創新村」尋找合作點子。創創二村則提供創業者擴展的基地，例如愛喝咖啡的人可開一家特色咖啡店。縣府正研議「駐村」辦法，加速推動創創三村、四村，邀請「想圓夢的朋友，回來吧！」其他縣市也有類似的創業園區。

　　年輕人創業靠著自己的專長及興趣「打出一片天」，例如：台大財金系畢業的廖怡雯、鄭涵睿、許偉哲，與台大園藝所學長呂美煌於2010年一起創辦「綠藤生機」，把盒裝芽菜送到消費者手上（還在生長），吃到最自然的食物的同時也是幫助社會的方式。以「讓一個更真實、更健康的永續生活型態發芽」，作為品牌使命。2018年三度為台灣拿下「對環境最好的企業」（Best for Environment）獎項，成為亞洲唯一。綠藤至今研發的產品不超過二十項，但綠藤不只視它們為產品，更傳遞一種生活方式，讓消費者瞭解自己買到的是真實、健康和永續。

　　綠藤更以公平貿易的方式，從迦納引進奇蹟辣木油，協同美國合作夥伴打造非洲最大有機辣木田，與迦納當地社區持續保持密切的關係。至2018年底，改善3,000個迦納小農家庭的生活、讓農民的收入提升4～10倍。台灣也成為美國之外全世界最大採購國，為生態平衡與公平貿易盡一份心力。

為了真正的成功，將思考、想像、情緒三者都切換到「正面」這部分，你如何進行？請舉例說明。

🦋 第二節　情緒管理的困難與方法

丹尼爾・高曼（Goleman, D.）於20世紀末出版《情緒智商》（EQ-*Emotional Intelligence*）一書（張美惠譯，1996），顛覆傳統上認為「IQ（智商）高代表日後的成就高」的觀念。他認為成功的關鍵不在IQ，而是EQ。EQ是指「對自我情緒的掌握、與人圓融相處的能力或人格特質」，具體包括：

1.覺察自我情緒：隨時覺察自己內在感受，以免受制於情緒而不自知。
2.妥善管理情緒：調適自我情緒，避免過度沮喪、焦慮、憤怒。
3.自我激勵：對於目標集中注意、保持高度熱忱，為了達成目標而克制情緒衝動、延緩欲望滿足。
4.認知他人的情緒：能傾聽及設身處地為人著想，能覺察及滿足他人的需求。
5.處理人際關係：理解及因應他人的情緒感受，能與人融洽相處。

一、以正面情緒促進成功

何種情緒狀態最能促使一個人的成功？美國心理學協會譽為

「天賦心理學之父」（Father of Strengths Psychology）及正向心理學（Grandfather of Positive Psychology）開山祖師的唐諾·克里夫頓（Donald Clifton），與自己的孫子——密西根大學心理學系畢業的湯姆·雷斯（Tom Rath）合著《你的桶子有多滿？》（*How Full is your Bucket? Positive Strategies for Work and Life*）一書（張美惠譯，2005），提出了「水桶與杓子理論」：

> 每個人都有一個無形的水桶，水桶滿溢時我們會心情愉快，乾涸見底則令人沮喪。每個人也都有一支無形的杓子，當我們加水到別人桶裡——以言行為別人增添正面情緒，也會讓自己的水位高些。
>
> 反之，如果你用杓子舀別人的水——亦即你的言行有損別人的正面情緒，自己桶子裡的水也會跟著減少。我們每一刻都面臨抉擇：可以為彼此加水，也可以互相舀水。我們的人際關係、生產力、健康狀況、快樂與否，都深受這個選擇的影響。

「水桶與杓子理論」提醒我們培養「為別人加水」的好習慣，減少「舀水」的動作。要將取笑別人、碰觸別人傷口、直接指出別人錯誤的行為，改成讚美與感恩、凸顯別人的光明面、說正面的話。

書中舉例，一個太太對婚姻不滿，抱怨丈夫很少陪她。每次她這麼說，丈夫都極力辯護，導致兩人關係惡化。當她改為注意丈夫的優點和使她高興的地方時，先生的心情明顯變好了。丈夫的關注與體貼也加滿了太太的水桶，使她非常開心。

財經專家柏竇·薛佛（Bodo Schafer）撰寫《我11歲，就很有錢》（管中琪譯，2001）一書，認為「有錢」是因為「相信自己會有錢」，具有成功特質的人在理財方面同樣會成功。書中主角是個小學生，她藉由「寫成功日記」培養了成功的特質，使自己贏得了所需要的一筆費用。這

個方法很簡單，只要每天記錄自己成功的事蹟。許多人懷疑，單憑記錄就能致富嗎？這麼做的真正用意是在培養成功性格，從「注意」成功事蹟到「發現」自己擁有無窮潛力。

丹尼爾・高曼在《情緒競爭力UP》（2013）一書中引用北卡羅萊納大學心理學家芭芭拉・佛列德瑞克森（Barbara Fredrickson）的研究成果——「增加正面情緒，就能創造想要的人生」，當作「情緒教育」的重要建議：

> 過著富足人生的人，也就是人際關係良好，能從工作中得到滿足，或是覺得自己的人生有意義的人，他們的正面情緒與負面情緒比至少為3：1。在最優秀的團隊中，正面與負面情緒比是5：1（頁81）。

只要增加正面情緒，且達到負面情緒三倍以上，就能提升各方面的滿意度。若增加到五倍呢？效果當然更加顯著。

二、主動積極以維持熱情

艾力克森的「心理社會發展理論」當中，與「主動積極」有關的發展階段如：

1. 階段二「1歲至3歲」：活潑自動←→羞愧懷疑（autonomy vs. shame and doubt）。
2. 階段三「3歲至6歲」：積極主動←→退縮內疚（initiative vs. guilt）。
3. 階段四「6歲至青春期」：勤奮進取←→自貶自卑（industry vs. inferiority）。

要培養主動積極的性格，就要在青春期之前形成活潑自動、積極主

動、勤奮進取的特質。若自覺不夠積極進取，即表示幼兒及兒童階段的發展任務尚未完成，得趕緊補強，以免定型。

　　成功者是高成就動機者，成就動機（achievement motive）是一項心理活動，能促使個體盡力追求成功。高成就動機的行為特徵是：

1.求好心切，儘量將事情做到盡善盡美。
2.面對無法確定成敗的情境，傾向不計成敗、敢於冒險。
3.善於運用環境中的資料，能從經驗中記取教訓。

　　反之，低成就動機者因為害怕失敗，總給自己預留退路。影響個人成就動機的重要原因，主要是父母的教養方式。父母的鼓舞及協助，可使子女有自信、增強自我效能。自我效能是指：「個人對自己從事某種工作所具有的能力，以及對該工作可能做到的程度之主觀評價。」高自我效能者能以創意思考，尋找解決問題方法。因此，自我效能可經由後天訓練而增強。

　　現代企業期望的人才是積極主動、充滿熱情、靈活自信（李開復，2006b，頁63-64），要勇於承擔責任，主動設定工作目標，不斷改進工作方式和方法。此外，還應培養推銷自己的能力，在上司及同事面前善於表現自己的優點。下列方法可使人遠離消極被動（摘自李開復，2006b，頁67-71部分內容）：

1.不盲目聽信人言，冷靜辨析、積極求證，懂得主動搜尋及驗證資訊的方法。
2.不讓事情找上你，應主動施加影響。被動就是棄權，不做決定也是一種決定。
3.不習慣性地同意或追隨別人，學會有主見；知道自己喜歡什麼、需要什麼，不隨波逐流。
4.不說「我辦不到」，要積極嘗試。遇到困難時不找藉口，多想一想

有沒有其他解決方案，不要說自己沒有選擇或沒有時間。

5.用語言有意識的訓練自己，多說：「我選擇……」、「我打算……」、「我決定……」、「我可以……」。

對你周遭的某個重要人士進行「水桶與勺子理論」實驗，一星期後看看結果如何？

第三節　問題解決與危機處理

「喜怒哀懼愛惡欲，七者弗學而能。」（《禮記・禮運篇》）情緒是天生的，為了適應文化規範及社會需求而需「調整」情緒表現，以免損人不利己。有些人為了「以和為貴」、「顧全大局」，而壓抑真實的情緒，反使負面情緒累積過多而爆發。

心情低落是因為無法突破困境，身陷其中的鬱悶及挫敗使人悲觀，削弱甚至喪失改變劣勢的信心。以經濟壓力來說，若家庭貧困就該提早打算，務必開源節流、化悲憤為力量，才能「脫貧」。

如果本來沒有問題，因為不擅理財以致「寅吃卯糧」，就該儘快設定「停損點」，以免「積弊成習」成了「真貧窮」。若不得不借貸時，一定要有還款計畫，所謂「有借有還，再借不難」。絕不可向高利貸借款，以免愈欠愈多。更要反覆自問：「為什麼沒錢？沒錢的時候該怎麼辦？如何真正擺脫沒錢的日子？」讓自己的潛意識活躍起來，想出更多遠離貧窮的有效方法。

　　有些大學生因為家庭經濟狀況不佳，為了不加重父母負擔，而以打工支付自己的生活費，或用功取得獎學金。因為解決問題及化解危機，使自己更有能量。有些人則因未覺察或面對小危機，「溫水煮青蛙」之下，失去了自救的機會。所謂「生於憂患，死於安樂」，要及早解決問題、化解危機。

一、不讓消極情緒耗費掉寶貴精力

　　消極情緒最為耗費精力、於事無補，需要加以消除。

(一)憤怒

　　與家人或夥伴相處若覺委屈、不公平，假裝不生氣只會使問題擴大。憤怒仍然存在，不僅構成心理壓力，也會降低生活滿意度。生氣時一味隱忍，自我欺騙說：「沒關係！不要放在心上。」並不能真正撫平怒氣。強壓只會自覺懦弱、不甘心，但過於宣洩又會出現傷害性的言語及舉動，一樣不妥。

　　一行禪師在《你可以不生氣》（游欣慈譯，2003）一書提到：「要化解生氣，需要自我覺察及積極行動。」「自我覺察」是指清楚看到生氣是因心中憤怒的種子，別人只是次要原因。

　　「積極行動」則是「愛語」與「諦聽」，首先不再自欺：「我一點都不生氣，沒有關係！我一點都不覺得痛苦，沒什麼好生氣的。」儘快（在一星期之內）以言語或書寫方式把這件事與對方討論清楚。討論時一定要用「愛語」，不能造成進一步傷害，對方說話時一定要全心全意地「諦聽」。

　　從家人開始來練習「不亂發脾氣」，因為我們最常對親密的人不客氣，再擴大到同學、朋友，進而到工作場所。等到不論別人怎麼不講

理、冤枉你，你都不生氣，還能尊重及關心對方時，就算修養到家了。

(二)焦慮與憂鬱

產生焦慮或憂鬱的情緒，是因為自我期許太高或不能達到別人的要求，多次挫敗累積的心情。焦慮與憂鬱將磨損活力，使人產生倦怠感、失去鬥志，甚至罹患焦慮症、憂鬱症、躁鬱症等精神疾病。以《精神疾病診斷準則手冊》（DSM-V）來說，「鬱症」是指（台灣精神醫學會譯，2014，頁94-95）：

至少兩週期間內，同時出現下列症狀五項（或五項以上），也呈現原先功能的改變。五項中之第一、二項，至少要有一項。

1.幾乎整天及每天心情憂鬱。

2.幾乎整天及每天對所有活動降低興趣或愉悅感。

3.體重明顯減輕或增加（一個月內變化超過5%）。

4.幾乎每天都失眠或嗜眠。

5.幾乎每天精神動作激動或遲緩。

6.幾乎每天疲倦或無精打采。

7.幾乎每天自我感到無價值感，或者有過度或不恰當的罪惡感。

8.幾乎每天思考能力或專注能力減退，或是猶豫不決。

9.反覆想到死亡，反覆有自殺意念而無具體計畫；或有自殺舉動，或是有具體的自殺計畫。

憂鬱症的治療

憂鬱症是一種涉及身體、情緒和思想的疾病，影響飲食、睡眠、對自己的感覺以及看待事情的方式。不同於暫時情緒低落，也不是個人軟弱

或透過希望和意志所可以克服。若不治療，症狀會持續數周、數月或是數年。

　　自尊低、悲觀看待自己和世界或容易被壓力擊倒的人，較可能罹患憂鬱症。重大損失、人際關係不良、經濟問題或生活模式的任何緊張變化，也可能引起憂鬱症。遺傳、心理和環境因素共同導致憂鬱症發作，重鬱症常與大腦結構或功能變化有關。

　　憂鬱症治療期間，患者自己要注意的是：

1.針對憂鬱症設立實際的目標，並承擔適量的責任。
2.將大型任務劃分成一些小任務，做能力所及的事。
3.嘗試與他人傾訴，也可求助張老師、生命線等諮詢專線。
4.參加一些可使自己感覺更好的活動，如：輕度運動、看電影、球賽。
5.相信情緒會逐漸改善，但不是立刻，不要心急。
6.在換工作、結婚或離婚等重大決定前，最好和瞭解你而且較客觀的人協商。

　　如果你的朋友／同事罹患了憂鬱症，你可以幫忙的是檢查他是否服藥，預約看診或陪伴他去看醫生，鼓勵他在症狀減輕之前保持治療，若症狀沒有改善則尋求不同的治療。並邀請他一起散步、郊遊、看電影，以及從事其他會讓他產生正面情緒的活動。當他要做重大決定前，成為聆聽者與顧問。不要指責患者裝病或懶惰，不要期待他「立即擺脫」憂鬱症。不要忽略患者有關自殺的言論，並向患者的醫生報告。

　　身旁憂鬱症患者有自殺意念時，除了一般的陪伴、傾聽，還要尋求援助，勿守密而影響其生命安全。雖然你很想幫助企圖自殺的親友，除了不給想自殺的人太大壓力外，也不要給自己太大壓力。親友的生命並不全由你控制，盡你所能即可。需要協助他就醫時，不必把責任都往自己身上

攬，要找其他親友一起參與。

行政院衛生署於2005年12月9日成立自殺防治中心（各縣市也設有自殺防治中心），董氏基金會、張老師基金會、台北市生命線協會、馬偕協談中心——馬偕平安線、牧愛生命協會、台灣憂鬱症防治協會等，也都設有自殺防治的求助管道。我們要讓企圖自殺的親友知道有那麼多人願意幫助他，鼓勵他找到適合自己的求助管道。

在學校，除了求助輔導室（大學為心理諮商單位）外，教育部依災害防救法規定於2001年成立校園安全暨災害防救通報處理中心（簡稱校安中心，24小時人員值勤）。若發現老師或學生有自殺之虞，須主管教育行政機關及時知悉或立即協處之事件，均可以或應該通報。

其他如躁狂發作、廣泛性焦慮疾患，其症狀均造成臨床上重大的痛苦，或損害社會、職業或其他重要領域的功能。嚴重時必須住院，以免傷害自己或他人。若懷疑自己罹患心理疾病，應先找專科醫師診斷，由醫師開立處方藥。

美國預防雜誌主編《憂鬱症自我癒療手冊》（*The Doctors Book of Home Remedies for Depression*）說（陳錦輝譯，2002，頁18）：

> 由於不同的人需要的是不同的藥物，因此在治療的第一年，反覆試用六種以上藥物的情況並不少見。每種藥物可能會花費八週的時間，才能看得到一些明顯的療效。情況好轉需要時間，所以專家強烈鼓勵你持續目前的療程，而且不要停止服用處方藥。

書中指出治療憂鬱症不能只依賴藥物，必須多管齊下，包括：營養療法、認知療法、情緒抒發、讓身體動起來、自我養護等。若已罹患情感性疾病時不應「自責」，要耐心接受專業建議。親友也不要誤解他不夠堅

強、沒有志氣或想太多。除了督促他遵循醫療，還要多支持及陪伴。

(三)嫉妒

人際間難免競爭，若「輸不起」或無法化解「瑜亮情結」，就會浪費太多心力在「明爭暗鬥」。

求學及工作上一定有某些人在某些地方超過自己，若不能虛心學習，在聽到或看到別人獲得讚賞，就受到刺激而痛苦。若能開放心胸（open-minded）與能力強者共事，「借力使力」之下，定能讓自己的功力大增。

其他常見的情緒問題還有：

1.容易受外在影響而心情起伏，有時突然情緒失控。
2.不能忍受他人的批評，太在乎他人的看法。
3.不開心的事一直放不下，無法開懷大笑。
4.看到團隊成員表現不佳時會焦躁、憤怒。
5.肚子餓、睡不飽、身體不舒服時容易暴躁、發脾氣。
6.不擅於表達自己的想法感受，常生悶氣。

看看別人，想想自己

郭燕翎（銘傳大學國際學院、美國東北大學會計金融與管理學系轉學生）

我跟很多人一樣，寒窗苦讀是為了擠進名校，可惜考運不佳而進入私立大學。沒想到分發至銘傳大學後，竟讓我經歷了精彩的大學生活。新生說明會上得知學校的「國際學院」開放一些名額給本國學生，我馬上跟

父母商量讓我應考。我對英文一直很有興趣，想到能跟外國人一起上課就很興奮，結果我真的考上了。所以有機會就該放手一試，以自己的能力改變現況。

銘傳國際國企班只有十一個台灣同學，外籍同學的母語大多不是英文，所以大家常用肢體語言溝通。在這裡真令我大開眼界，西語系的同學很熱情，很敢講中文，是我見過中文進步最快的一群。我跟一位來自瓜地馬拉的同學，一起報名參加英語演講比賽，結果他拿第一。我很納悶他是怎麼辦到的？結果發現他很喜歡在課堂上發表，於是我決定向他看齊，再害羞也要說出自己的意見，不讓他們覺得台灣學生都躲在教室後面，快被邊緣化。

我國的教育讓學生習慣聆聽及接受老師的意見，但其實參與討論才能加深印象。我發現國際班同學的回答常文不對題，只想加分或拖時間；既然我有準備，為什麼要把機會拱手讓人？我應該把握可以練習英文的機會，最重要的是讓他們聽到台灣學生的聲音。

經過一段時間，我在班上變得比較放得開，還當選班代。幾乎每位教授都認識我，最後還拿到不錯的成績。

上大學是我第一次離開高雄，住校讓我變得獨立。經過磨合及適應，我學會怎麼與別人溝通，怎麼配合不同室友的生活作息，怎麼避免不必要的衝突。

一間寢室共六人，還有來自韓國、印尼甚至史瓦濟蘭的皇室。我一直都當室長，常幫那位皇室翻譯。知道她很想家，聽她哽咽的跟家人對話，就帶她出去走走。當室長讓我比較懂得關懷別人，跟任何人都可以相處融洽。

在校內我參加三個不同類型的社團，服務性社團信望愛社可培養團隊精神，學習企劃及舉辦活動，還可以幫助別人。國際交流國民外交社

可讓外國學生更認識台灣，準備景點介紹時也充實了我對台灣文化的知識，體驗如何當個外語導遊。我還加入AIESEC（社團法人國際經濟商管學生會）的銘傳分會，在青年開發部門要想辦法吸引大四及研究生來參加社團。過程中讓我熟知整個海外研習計畫，瞭解國外的人力需求，希望自己也能出國開拓視野。

2009年，我參加AIESEC在交通大學的全國大會。我希望自己能像學長姐一樣在台上有自信的主持及帶領大家，能到海外實習。那次大會之後，我開始收集資料、準備英文檢定，本想先當交換學生，誰知最後竟然變成轉學生。

出國前我只花一千塊給代辦，幫我訂機票跟找房子。這麼便宜是因為我早把所有文件準備好，英文檢定也考到標準、學分修到超標。我花很多時間在不同留學中心的免費諮詢熱線上，也去了很多論壇。

當時我是個盡責的班代，成績也相當不錯（GPA 3.8），又有參加三個社團及義工經驗，自傳很容易就寫出來了，教授們也幫我寫了推薦函。善用學校資源讓我省了不少錢，我認真的花了三個月為英文檢定做準備，把圖書館相關的書都抱回寢室，練習了快二十本考試用書。我也到補習班，找老師練對話及寫模擬考卷。其實出國的人不見得都是有錢人，有夢想及實踐力就可以出國。

我的英文成績不錯，加上所學是全英語授課的國際貿易學程，所以到美國就直接讀大三，不用再花時間、金錢讀語文學校。學校宿舍住不起，有一陣子我住在同學的客廳，也曾跟學姊簽過一個月的短租，經歷波折終於在學校附近找到住宿的地方。

轉學到美國後，我很快適應當地的環境，上課也駕輕就熟。讀「會計金融」時，曾在當地非營利組織實習了八個月；深覺所學技能不足，除經常向教授請教外，也利用暑假到美商投資顧問公司當金融分析實習生

（三個月）。兩次的工作經驗，強化了我的會計專長、管理能力，體驗到如何和不同個性的人相處。

在國外我遇到挫折、瓶頸都會想到父親，他是遠洋船的二副，去過許多國家，他相信國外讀書的環境一定會大大提升我的能力。出身農家的父親靠著打工支付大學學費，我出國時他送我出海關，所說的每句話都講到我的心坎裡，他說：

> 只要有目標，你就不會慌；只要有計畫，你就不會亂；只要有決心，你就不必怕；只要有信心，你就不會氣餒；只要肯奮鬥，你就不會偷懶。有準備的人，成功一定屬於你，機會更永遠留給有準備及渴望改變的人。

在美國讀書及實習，為我帶來了多樣化的發展空間，我變得更加成熟穩重，學習到如何有系統地發掘問題、分析問題進而解決問題。我能夠做到這些，都是因為我比其他人更懂得自律，有規律的生活作息，做事提前規劃，廣泛接觸各種事物。最後我建議大家：要玩得有價值，不要讀死書！

二、冷靜、樂觀面對問題與危機

冷靜、樂觀是平時及長期的功夫，自我鍛鍊的目標如下：

(一)情緒穩定、不遷怒

能坦然面對及接受轉變或挫敗，即使不開心也別遷怒。事情一多難免心煩氣躁、焦頭爛額，此時反而要保持和緩的口吻與表情，多練習「笑容可掬」。「不笑」容易給人嚴肅、嚴厲、憂鬱的感覺，若措辭、口氣不好，就會造成不必要的誤解與衝突。

　　不愉快時先忍下來，給自己緩衝時間、換個角度思考；不要當場發作——立即反駁或哭泣，因為後果及對方的反應實在難以預測。

　　平時要養成時間管理的好習慣，有效率的工作與學習，不拖延該做的事情，才不致於壓力太大，超過忍耐的極限而使負面情緒一觸即發。要培養行動力，不空談、不懶散。

(二)有效的宣洩及安撫情緒

　　要養成健康的生活習慣，注重睡眠、飲食、運動、排泄、休閒。運動及休閒對於身心健康的幫助極大，也是最容易忽略甚至犧牲的事。養成運動的習慣，有足夠的休閒嗜好，讓自己的心情得以轉換及寄託，不因生活缺乏樂趣而悶悶不樂。日常的生活的步調不要太緊湊，才能放輕鬆的面對一切。

(三)積極溝通、貴人相助

　　和人相處不要過度敏感或疑心，人際關係出問題時一味期待對方改變只會使情況更糟。真正的解決之道是不責怪對方，主動安排機會增進彼此的瞭解，盡力改善人際關係。

　　良師益友的諦聽、支持、伸出援手，都能使我們重振士氣，不致誤入歧途或鑽牛角尖。所以平日要多和朋友聚會，多參與團體活動，常與人深度交談。「面對面」的互動，能使我們獲益最多。

活 動 5-3

　　訪問一位冷靜、樂觀的楷模（父母、老師、學長、同學），請問他們如何培養這種性格？

Chapter 6

溝通協調與團隊合作

問題如何解決？

　　小容覺得自己在國、高中階段時，放太多心力在讀書及考試上了，都沒時間跟朋友「交流」，遑論「交心」！遇到功課不如自己的人，不想浪費時間在他身上。遇到競爭對手的，為了一拚高下難以真誠相待。沒什麼朋友的情況下，他發展出「凡事靠自己」的模式，逐漸與人疏離。

　　但小容不得不承認，除了比較、競爭之外，人際關係還有許多正向功能，如：合作、互助、關懷、支持、分享、分擔……。搖滾天團「五月天」的歌曲〈終結孤單〉，就是提醒大家及早「終結」掉自我封閉這個壞習慣。

　　良師益友彷彿一雙「有形的翅膀」，可以讓人飛得更高更遠。就像小學時期的數學應用題：

　　以一根水管注滿一個游泳池需要兩小時，若使用五根或十根水管，可以節省多少時間？

　　以前的小容「嫌麻煩」，覺得人際之間想法與行動常常不一致，真不想浪費時間溝通協調！但現在漸漸明白，不管自己再怎麼聰明能幹，都不可能面面俱到，還是需要朋友的幫忙，「投資」時間與朋友相處、參加社團與學會活動是必要的。若能擔任社團幹部，學習如何「管理」，更能儲備未來職場所需的工作技能與人脈。

第一節　溝通在AI時代的價值

丹尼爾‧高曼（Goleman, D.）針對「情緒智力」對工作表現的影響，出版了《EQII：工作EQ》（李瑞玲等譯，1998）。書中依個人與社交兩大類別，共有五種情緒智力：

1. 個人──決定我們如何自處。有下列三種情緒智力：
   (1) 自我察覺（self-awareness）：包含情緒察覺、自我評量、自信等。
   (2) 自我規範與自律（self-regulation）：包含自我控制、值得信賴、良知、適應力、創新等。
   (3) 動機（motivation）：包含成就趨力、承諾、主動、樂觀等。
2. 社交能力──決定我們如何處理人際關係。有下列兩種情緒智力：
   (1) 同理心（empathy）：包含瞭解別人、服務取向、幫助別人發展、擅用多元化、政治意識等。
   (2) 社交技巧（social skills）：包含影響力、溝通、團隊領導、改變催化、處理衝突、建立連結、分工合作、團隊能力等。

為什麼要培養上述工作上的情緒智力？以「善用多元化」來說，團體成員中必然存有歧異性，若能接受對方、向對方學習，則可截長補短、再創新機。

「政治意識」部分，你可以不加入任何辦公室的權力鬥爭，卻不能「渾然不覺」團體的情緒暗潮和權力關係。

要能「團隊領導」、發揮「影響力」，就要懂得鼓舞或「催化」、「建立連結」，才是好領袖。

要達成團體目標，就要懂得「分工合作」、「處理衝突」。

一、溝通不良的原因

　　李開復認為，當代大學生比起上幾代「擁有更多的見識、勇氣和魄力，更善於表現和自我張揚，也崇尚自主、自由的精神。但他們也有不可忽視的缺點，其中最讓人擔心的就是，普遍缺乏處理人際關係的能力與技巧。」可能的原因是（李開復，2006a，頁301-303）：

1. 因為是獨生子女，習慣自我中心；對於與人分享、關心及尊重他人的概念，缺乏基本認識。因自尊及自信過強，缺少容忍、謙讓、合作的態度。
2. 為了學業成績而產生競爭心理，即便在學業競爭中處於優勢的孩子，也因處處受到褒揚，產生異乎尋常的優越感，忽視人際交流的鍛鍊。
3. 學生時代錯誤的以為考第一名就代表出類拔萃，別人只是陪襯；忽視了現代企業需要合作、共贏的局面。

二、溝通不良的損失

　　溝通不良會造成下列損失：

(一)說話鋒利而傷人

　　一般人以為即使說話像刀子般鋒利，只要心地善良仍是個「好人」（「刀子口，豆腐心」）。但證嚴法師卻說：「心地再好，嘴巴、脾氣不好，仍不算好人。」因為「好心」無法看見，「利口」的傷害卻明顯。台灣諺語說：「心好無人知，嘴歹最厲害。」德雷莎修女說：「人最大的缺點──壞脾氣。」

　　所以說話應講究技巧、注重口德，切莫出口傷人。要控制脾氣，不

在情緒激動下脫口而出，連自己都不知道說了什麼。林肯說：「三緘其口，讓人以為是個傻瓜，勝過快人快語，教人一眼看穿。」快人快語固然「痛快」，但「言多必失」造成的風波更大。

(二)別人不想與你互動

伏爾泰說：「我可以不同意你的看法，但我誓死維護你發言的權利。」每個人都希望獲得別人的尊重，但也要懂得尊重別人。每個人的經驗不同，想法及做法自然各異。若經常反駁、批評，不肯接納、採用別人的意見，大家自然會「避之唯恐不及」。

(三)容易與人衝突

除了因為社會經驗不足，不知如何得體應對之外；也因現代家庭及學校非常尊重年輕一代，卻未相應地讓他們也學會尊重別人。一旦與別人意見不合，想什麼就「脫口而出」，造成「明顯衝突」（直接攻擊）或消極抵制（間接攻擊）的「隱性衝突」。

尤其今日 AI（人工智慧）愈來愈發達的時代，若不想被機器人取代，就要充分發揮溝通、協調、領導、團隊合作等這類沒有標準答案，需要人味及溫度（同理心、陪伴、關懷、激勵）的地方。這是人類獨有，機器人無法取代的軟實力。

由低至高以1-10代表「溝通協調能力」，你覺得自己可以得幾分？並調查一下周遭親友他們覺得你可以得幾分？為什麼？

第二節　溝通的技巧與訓練

　　李開復建議，好好利用大學期間彌補人際能力的欠缺，因為
（2006a，頁334）：

> 大學是你最後一次可以在低風險的情況下，學習、培養、練習
> 與人相處的機會。參與社團是步入社會之前最好的磨練，可以
> 培養自己的團隊合作精神及領導才能。

　　「低風險的情況」是指在課堂上說錯話，老師不會太生氣還會指導
你，學校社團的夥伴也不像職場為了績效及升遷而不惜明爭暗鬥。所以教
室及社團是練習人際關係的最佳場所，犯錯可以一再重來。另外各大學也
開設不少溝通、表達、領導、管理方面課程，專業課程固然重要，溝通協
調之軟實力也不可或缺。

一、溝通小技巧

　　溝通能力的培養，可從小技巧練習，例如：

(一)卡片

　　不論母親節、父親節、情人節、教師節、同學生日，為了致謝、致
敬、致歉、致賀、祝福等，卡片妙用無窮。尤其在電子化時代，更顯得
「物以稀為貴」。一張十幾塊錢的卡片實在不用節省，它帶來的好處超過
你能想像；可增進感情、給人帶來喜悅。在特殊節日裡送上字裡行間充滿
感情的卡片，能產生無限美好的願景。

(二)禮物

比起卡片，大家對於貼心禮物的印象，一定更加深刻，從小到大我們都在各種「愛的禮物」中成長。有一年農曆過年，台科大的學生陳冠宏從台中回學校準備開學時，給我帶來兩盒台中名產——雞腳凍。大寒流的雨天裡（只有攝氏7、8度）收到這麼溫馨的禮物，實在令人感動。

兒子鈞豪上大學之後更加懂事，不論去哪裡玩都不忘帶回當地的特產「孝敬」父母。我的小妹淑芳每次從花蓮到台北來開會，也總是揹著「很重的」禮物（因為數量龐大）送給我及她的二姐。我的弟弟是個醫生，為了好好照顧家人，更把醫療產品當禮物送給我們。我的父親絕對是「愛的禮物」最佳典範，儘管家中經濟拮据，但他從未讓子女失望，出差時絕不會忘了給我們帶回好東西。我們離家讀大學之後，他更是努力儲存吃的、用的，他稱為「百寶箱」，存滿一箱就寄給兒女們。

(三)聯繫及聚會

人際關係需要經營，情感才能「加溫」，這是我的小妹淑芳對家人的提醒。她比我忙碌許多，但總會設法安排手足們的聚會，目前已變成家族旅遊活動。就像半年洗牙一次，人際情誼也需要定期聚會。我從1990年取得博士學位後，一、兩個月一定去探望指導教授賈馥茗恩師一次，無奈恩師已於2008年5月7日辭世！真是想念她啊！

二、公開發表力

溝通能力還包括「一對多」的公開發表力（或公共傳播），簡稱「演講」。公開發表不只是演講比賽或電視名嘴的專利，演講是最「經濟」的溝通方式，例如開會、聚會的發言；演講能力若好，溝通效果較高。反之，演講能力不佳時溝通的障礙也較大。

常見的演講困擾如：怯場、不知聽眾想聽什麼、不知自己講得好不好等。怯場在所難免，要靠充分準備及事後的正向回饋來排除。但演講還是需要指導與修正，否則缺點可能重複出現。演講磨練的目標包括：

(一)「非語言溝通」技巧

◆表情儀容

演講時動作不要過大或不自然，不能一副高高在上的倨傲姿態，不要一直固守講台而與聽眾距離太遠。表情不宜太嚴肅，使人有架子大、情緒不穩定的感覺。

大家都希望自己台風穩健、表情動作豐富；但不必刻意「表演」，只要注意站立的姿態，展現親切隨和，臉上掛著笑容，就能與觀眾自然互動。講者一定要經常與觀眾互動，儘量與台下觀眾眼神交流。

得體的衣著是種禮貌，也能吸引台下注意；讓聽眾覺得演講者很注意服裝儀容等細節，也凸顯其專業性。

◆語音聲調

演講的語氣要自然，但不能過於平淡，音調要有高低起伏變化，聽起來有戲劇性。注意聲帶是否因受損而粗啞，不要因加重語氣而顯得粗聲粗氣。

說話速度要適中，過快會讓人抓不住說話的內容與重點，而且聽起來太過吃力。

音量要足夠，讓每個角落的人都清楚聽到，才能抓住台下的注意力。

(二)「語言溝通」技巧

要做到「出口成章」並不容易，但可設法加強幽默感及流暢度，有條理、精簡、切題、深入淺出，還要善於說故事及笑話等。

◆用字遣詞

用字遣詞避免華而不實、自我炫耀或貶抑他人，注意有否口頭禪及贅詞。內容儘量口語化，多與台下觀眾的互動。

◆內容呈現

要避免讀稿、背稿，內容不能太理論、教條式或誇大其實。好的講稿要有創新性，能以實例或小故事佐證。要有啟發性，使聽眾產生共鳴。要有實用性，能將理論與實際結合。要有建設性，從正向思考切入。演講方式要獨特，使人印象深刻、回味無窮。尤其是開場、結尾更要有萬全準備，才能有「好的開始」及「圓滿的結束」。

內容鮮明的題材，容易引起台下進一步聆聽的期望，即便演說技巧不很高明仍能獲得觀眾青睞。

要將時間掌控好，若超過時間，台下聽眾會擔心拖得太久而無法專心聽講。

看看別人，想想自己

台科大的學生彭友均說：

我在大學選修「溝通與口語表達訓練」這門課，是因為每次上台發表意見總會緊張、發抖，腦袋像被按了無數次「空白鍵」。飽受這種害羞症狀困擾，當得知有這麼一門課時，就毫不猶豫的選了。

這門課果然有許多上台講話的機會，還可欣賞其他同學的精彩演說，讓我快速成長。

經過一學期充實的訓練，在其他課程報告時，我也能運用這門課所學的演講要點，還會不由自主注意其他同學的表現，在台下偷偷評論別人

的演講優缺。

　　我發覺大多數同學都會犯一些相同的毛病，如果沒有刻意改進或有人提醒，就很難在短時間內進步。有一些同學表現得很好，他們的優點我都偷偷記下來，試著模仿。下面是我的演講稿，高興能與大家分享。

　　我是第四組的成員彭友均，很開心能「平安」的在這裡演講。為什麼說平安呢？因為上禮拜聽林均燁同學的演講，深深體會到生命的可貴；因此一再提醒自己騎車要小心，我並不是賽車手，沒必要在馬路上狂飆、練習自己的極速和壓車技巧，平安到達才重要，你們說是不是呢？

　　今天我要分享的題目是「態度」，態度是什麼？態度是自身個性散發出來的獨特氣質，給人最直接的感受。因為某人的態度好，使你整天心情愉快；反之，就可能讓你一直感到不舒服。該慶幸的是，態度不是出生就跟著你的，它是一種可以養成的習慣。以下我就舉幾個例子，說明態度的重要。

　　有一次我去餐廳吃飯，當時人潮洶湧，每個店員都忙不過來。輪到我點餐時，我想加滷汁，但沒有主動開口，我想等她們問了再說。店裡的阿姨果然問了：「要不要加滷汁？」我說：「要。」隨後她馬上用很不耐煩的口氣說：「下次加滷汁要先講！」我當場傻眼，有必要用這種態度對待客人嗎？她所以不耐煩，是因為生意太好、忙不過來。而且她認為我不先講「加滷汁」，會拖慢他們的速度。但是我想：問一下又怎樣？妳的心情再糟，也不能把壞情緒發洩在客人身上吧！當我坐在位子上時心裡覺得：「我到底是來用餐，還是來受罪的？」那一天的午餐吃得不很開心。

　　另外一個例子是加油的經驗，我到加油站時，年輕的服務員就這麼看著我，什麼也沒說，一直等我開口說要加什麼油。當然我也不能

一直不說話，我說：「92加一百」，他拿著油槍幫我加油，也沒開口說：「收您一百元。」一樣被動的等我做出下一個舉動。到我加完離開，他連一句「謝謝光臨」都沒有說。就這樣，我經歷了一場無聲的加油之旅。像這種態度，我就不會想去第二次。

人際相處時，態度給人的感覺決定了我們對這個人初步的認識。好的態度讓人喜歡親近，甚至心情愉快；不好的態度讓人討厭、排斥。就像很多店家的服務，餐廳的伙食可能不是很好吃，若有非常好的態度，就能促使你再度光臨。有些店能長久經營，就因為他們態度很好。在人際關係上，我們若能儘量注意這些細節，不也在為自己的人脈做永續經營嗎？

今天大家專心的聽我演講，就是一個非常好的態度，也表示大家都做到了李奇懋同學說的「十分忍耐」，謝謝大家！

演講搭配「多媒體」就是「簡報」，注意事項與技巧如下：

1. PPT的字體要大、字數要少、畫面要清楚，螢幕背景及字體的色澤不能太接近。只需提示重點，細節部分交由簡報者解說。

2. 簡報者站立的位置不能擋到螢幕，不能因移動而不自覺地在螢幕前晃進晃出。

3. 不要把自己變成讀稿機，要像演講一樣面對觀眾，且對所說內容相當熟悉。

4. 多媒體是為凸顯演講效果、為演講加分，不能「喧賓奪主」。

三、學習溝通「多管齊下」

(一)從相關課程中學習

　　台科大電機系的楊紫億說，「溝通與口語表達」課程讓他改變了。雖然要個別上台演講、分組報告，感覺需付出很多時間。但可以上台發表，還有人指導重要的「表達技術」，還是值得。

　　那學期有一次紫億騎車上學時，不小心摔車了。他打電話給同學時，雖然他們在上課，卻立刻跑來帶他去醫院，送他回家還揹他上下樓梯、幫忙借拐杖，到很晚才離開。之後幫他買三餐，帶他去醫院換藥。紫億發覺人際關係多麼美妙啊！他和媽媽準備了禮物感謝同學，大家都很不好意思的笑著拒收，紫億真的好感恩身邊有這麼一群好朋友。

　　紫億覺得因為一學期下來「溝通與口語表達」課程教了他很多，以前他不常和人交際，但聽老師說：「人際關係是需要建立及維繫的。」所以開始主動與同學交流，參加朋友的聚會，改變以往與人「相敬如賓」的情況。認識他較久的朋友都發現他改變了，紫億也覺得自己的脾氣變好了，生活更加快樂。

(二)從志工、實習與打工中學習

　　有人以為打工不過是賺取微薄的鐘點費，工讀生沒什麼地位、對組織運作不會有影響，所以不必太過認真。這麼想就錯了！打工所賺的絕不僅是鐘點費，可學的事情很多，例如：產品的製作與銷售、經營管理之道、瞭解服務對象的需求等。尤其是人際衝突的處理，例如：被上司指責、與同事無法合作、被顧客投訴等，這些不愉快的經驗讓人更快速成長。

　　打工付出的也絕非勞力而已，若缺乏熱情及敬業精神，對自己、雇主及客人都會造成損失。不僅使自己度日如年、影響工作效率，更會讓主

管及顧客誤解你的態度。即使是工讀生，擔任第一線服務人員時，會嚇跑客人或使客人愉快，都與你的服務態度有關。

你在家裡可能不做家事，但打工時不但要洗碗，還不能洗不乾淨、動作太慢。若不符合老闆期待，挨罵之外還可能扣薪甚至被開除。職場上不會有人把你當成需要呵護、包容的孩子，工作就是需要磨練，要具備足夠的抗壓性。

還可藉由志工與遊學打工，得到豐富、多元（跨領域、跨文化）的經驗，看看美宜在醫院當志工及出國打工遊學有了哪些收穫？

 ## 看看別人，想想自己

世新大學李美宜

我參加林口長庚醫院的大專志工隊，當時招生海報的標題是：「做一件讓世界更美好的事」。

我第一個值班點是育幼院，前輩說育幼院孩子的防衛心很強、很難帶。憑著一股熱情，我躍躍欲試。剛開始孩子們不理我，以為又是一個來幾小時、混熟後說「下次再來」卻永遠不來的人。直到我去了三、四次，孩子們才漸漸敞開心胸，願意和我說說他們的生活。

值班結束，大夥兒回到志工辦公室討論今天的情形，相互關心遇到的挫折，一起腦力激盪想解決的辦法。我結識許多志同道合的朋友，視野開闊不少。大一下學期我擔任志工隊總務，接著又是文書、育幼院組長等。一年又一年，藉由舉辦及經歷大大小小活動，使我成長不少。

後來我想到國外遊學打工，因為必須具有學生身分，當時我還有英

文輔系及教育學程學分須延畢一年。考完期末考的第四天，我就開始為期三個半月「流浪到美國」的打工和旅遊生活。

初到美國，除了到車站接我的雇主，接觸最頻繁的就是外國室友了。來自哈薩克、土耳其、波蘭和匈牙利等五個國家的女孩同住一間小木屋，光是輪流做飯這件事就夠瞧了。因為每個人口味不同，都想吃自己熟悉的料理。下了班有人得先煮飯，有人得先洗澡，有人得去超市買食材⋯⋯。

每個人對溫度的感受更是不同，來自亞熱帶的我，在晝夜溫差大的東北部紐澤西州，夏天傍晚就得穿上大外套，晚上睡覺常被冷醒，來自歐洲的室友則是熱醒。

雖然有那麼多需要適應的地方，能認識一群朋友還是覺得很幸運。較多天的假日，來自各國的好友們浩浩蕩蕩開車前往水牛城、波士頓和羅德島；一行人彷彿聯合國代表，只差沒有帶國旗。

有些大學生擔心辦理出國遊學很麻煩，而且價格高昂。我建議：可以找暑期打工代辦中心，如國際教育交流協會駐華辦事處（簡稱CIEE）。代辦中心配合的旅行社因為服務對象大多是學生，所以機票比較便宜。並且可以辦國際學生證，再享一些折扣；代辦中心還會詳細告訴暑期打工的所有流程。

決定到哪個國家遊學打工後，就要開始和雇主聯繫，取得工作前需瞭解之相關事項。如必備證件、物品、天氣、如何到達到工作地點、工作時數、內容、薪水、支薪方式、食宿由誰負擔等。對狀況愈瞭解，愈能適應環境。另外，我提供一些省錢小訣竅：

1.雇主若能提供免費住宿，自己買食材回來煮比較省錢。可以問當地居民到哪裡買食材，就能找到適合的採買地點。

2.雇主如不能提供住宿，需於出發前先確認自己的住宿地點，瞭解住

宿費由誰負擔？到哪裡採買日用品及食材？

3.工作內容跟農場有關時，可以和雇主商量，向他們購買農產品當食材，既能吃到新鮮的食物，也能省下不少錢。

4.可以和室友輪流煮飯，一方面可以吃到各國料理，瞭解不同的風土民情。也可以節省瓦斯費、食材費，更可以增進彼此的情誼。

5.須確認每週、兩週或每月會有進帳，計畫於休假出外遊玩更要精打細算。建議和打工的朋友一起商量、規劃，共租一台車，節省交通費。

出國打工是為了增廣見聞，日薪或週薪可能無法像全職上班族一樣。如果以賺很多錢為目的，會有些許失望。當然工作還是要認真，這是基本的態度。因為美國有基本工資保障，還是可以賺些錢回來啦！

美宜覺得自己出國前與出國後真的「大不相同」，遠赴「人生地不熟」的美國三個半月，若沒有「置之死地而後生」的決心，一定活不下去。所以美宜學到的第一件事就是「獨立」、「一切靠自己」，挫折都是成長的契機，美宜說：「挫折開眼界。」

在人際相處與溝通方面，美宜學到最多。美宜曾受到室友排擠而痛苦不已，但哭泣不能解決問題，於是她委託其他女孩代為詢問「自己做錯了什麼？」得到的答案竟是：「我就是不喜歡美宜！」真沒道理！室友開導她：「也許只是文化差異吧！」美宜覺得可能還有文化誤解甚至歧視。

有些歐美人不喜歡黃種人，或以為台灣是沒有電視、麥當勞的落後國家。

由於美宜跟其他人都處得很好，於是漸漸釋懷。遇到那兩個討厭她的女孩，美宜也不逃避，有話盡可能「明說」，結果情況反而獲得改善。原來是她先前太過客氣，才被視為軟弱、好欺負。

　　經過這個特殊經驗，美宜對於如何與人相處，更加「得心應手」。後來她到外商公司工作，與不同國籍客戶往來時就很順利。其實相同文化的人，想法的落差也很大；只要開放胸襟就能解決問題，不要因此錯過「瞭解別人」與「被人瞭解」的機會。

(三)從社團及學會活動學習

　　台科大的張文展覺得參加社團使他有如毛毛蟲蛻變成蝴蝶，補足了自己欠缺的溝通與表達能力。張文展說：「考上大學後我常想，除了讀書我還缺少什麼？」一個機緣下他加入了畢聯會，雖然很怕生，也擔心課業會耽誤，更不知道在社團會遇到什麼狀況，還有與人接觸會緊張等；一開始，壓力真的很大。

　　還好文展繼承了父母不屈不撓的精神，才能找回自信；不僅交到知己好友，也學到很多課本外的知識。

　　生活中最能幫助你學習溝通協調是哪些地方？請舉一個印象深刻的例子（不一定是溝通成功的例子）。

第三節　管理能力與團隊合作

　　如何將課堂上學習的溝通技巧運用到職場上？在職場到底該如何做事及做人，才不會進退兩難、不小心得罪別人？

看看別人，想想自己

就讀台科大電子工程研究所的林哲宇，選了非專業的「領導與溝通」課程。這是大部分研究生不會在忙碌的論文寫作之時，還有心思額外選修的課。事後他很感謝研究所學長的推薦，這門課對他在找工作方面有許多寶貴的建言，受用無窮。

哲宇覺得這堂課最大的挑戰是分組辯論比賽，要先在校內挑出第一名的小組，再跟其他學校一同參與辯論決賽。很多學生跟他一樣，剛開始會懷疑「為何要辯論？」「以後對我有幫助嗎？」直到進入職場才發現，原來辯論技巧真的可以應用在職場上。舉個例子，因為部門每個禮拜都要開會，報告負責案子的進度。當然也要想到可能被的問題，以及該如何回應。絕不想與大家面面相覷，無法將問題解釋清楚。

這不就是辯論的延伸嗎？辯論最重要的是把對方可能會問的，預先做好準備。對方的問題可能出乎我們預料，但若用心準備，當場再隨機應變，就能觸類旁通，不會讓自己陷入困窘中。有機會學到辯論技巧，是很值得收藏的經驗。

其實辯論也可用在人際溝通當中，很多人誤以為辯論是吵架，這樣說也不能算不對，但要吵得有技巧，讓對方覺得你是軟硬適中、可以溝通的人，這就需要不斷嘗試、加上說話到位，抓到溝通的氛圍。

舉例來說，如果公司要你跟客戶談生意、簽訂單合約。我們通常會帶客戶去吃個飯，但千萬記得不要急著在還沒點餐前，就把訂單合約擺在桌上，這樣會讓客戶倒了胃口。要在吃飯期間與客戶閒話家常，讓氛圍更加輕鬆愉快。假如客戶是外國人，可聊的話題像這次來台灣最想去哪裡玩？有什麼特別想吃的？讓對方感到你不只有專業能力，也把客戶當成朋友，往後會為自己帶來更多訂單！

　　哲宇發現，良好的溝通技巧可讓你更有機會升遷。因為許多研發工程師都只想把自己負責的產品做好，不喜歡與人溝通。若想成為公司重要的業績銷售專案經理，除了專業技能外，若能與各部門工程師都溝通良好，一定是主管優先重用的人選。

　　哲宇以前的個性較心直口快，不知道講話已得罪朋友。事後檢討才知道什麼話該說、什麼不該說，寧可話少也不要話多。常聽長輩說：「說者無心，聽者有意！」到了職場更是如此，同事間因為牽扯了工作升遷，也許你的某些話會被放大甚至傳到主管耳中，讓你在公司的地位岌岌可危。所以，進入職場前要好好學習與不同類型的人溝通，打開心胸。總之，溝通與領導技巧要在日常生活中練習再練習！

辯論的效益與新制奧瑞崗比賽規則

　　辯論是「君子動口」的文明活動，在合宜的規則保護下（包括在規定的時間內），可盡情表達個人或我方團隊的意見；不用擔心對方不合理、甚至危及個人身心健康的行為，如：情緒化、人身攻擊、肢體衝突、群眾暴力、固執己見（包括太鮮明的意識形態）。

一、比賽程序

　　1.正方第一位隊員申論，反方第二位隊員質詢正方第一位隊員。

　　2.反方第一位隊員申論，正方第三位隊員質詢反方第一位隊員。

　　3.正方第二位隊員申論，反方第三位隊員質詢正方第二位隊員。

　　4.反方第二位隊員申論，正方第一位隊員質詢反方第二位隊員。

　　5.正方第三位隊員申論，反方第一位隊員質詢正方第三位隊員。

6.反方第三位隊員申論，正方第二位隊員質詢反方第三位隊員。

7.雙方結辯。

二、比賽時間

　　依申論、質詢、結論標準時間之順序，採「四、四、三」制。申論、質詢及結論之發言，於標準時間外均有三十秒之緩衝時間屆滿時必須結束發言，計時員至少應於標準時間及三十秒緩衝時間屆滿以鈴聲告知。結論次序由正反雙方於一辯申論前抽籤決定。

三、比賽規則

1.道具一經使用，他方亦得相同之權利。

2.非經他方要求，將已使用或待使用之道具於他方發言時展示者，視為違規。

3.任何隊員發言時，不得涉及人身攻擊，否則視為違規。

4.出賽隊員於比賽開始後，不得獲他人之任何幫助，否則視為違規。

5.出賽隊員於發言計時開始後，不得獲其他出賽隊員之任何幫助，否則視為違規。

6.引述對方言詞應正確，否則視為違規。

7.引述之證據資料應切合事實，否則視為違規，某方偽造證據資料時，得由他方檢具證據資料反證，於賽後提出抗議。

8.抗議應由結辯或領隊於比賽前或比賽後十分鐘內以書面向主席提出，否則不予受理，抗議提出後，主席應知會他方，他方得以書面答辯。

四、立場

1.正方界定之立場應完全符合題目之要求。

2.反方界定之立場應反對題目；若為雙題制則雙方立場應完全符合各

自題目的要求。

3.正方不合題或反方合題時，反方應於第一隊員申論，正方應於第二位隊員申論時提出理由質疑，否則視為接受他方界定之立場。

4.除放棄合題或不合題部分之立場外，雙方均不得修正第一位隊員申論時表明之立場，否則視為違規。

五、質詢

1.質詢者應提出任何與題目有關之合理而清晰之問題。

2.質詢者控制質詢時間，得隨時停止被質詢者之回答。

3.質詢時間內，質詢者應詢問問題，不得自行申論或就質詢所獲之結果進行評論，否則視為違規，但整理詢問結果之簡短結論不在此限。

4.質詢者自行申論或評論時，被質詢者得要求其停止。

六、答辯

1.被質詢者應回答質詢者所提之任何問題，但問題顯然不合理者，被質詢者得說明理由，拒絕回答。

2.被質詢者不得提出反質詢。

3.被質詢者得要求質詢者重述其質詢，但不得惡意為之，否則視為違規。

4.被質詢者提出反質詢時，質詢者得要求其停止，並拒絕回答。

七、結論

1.結論由雙方出賽隊員中自行推選一人擔任之，賽前十分鐘連同比賽名單提出。

2.結論者應就己方論點及雙方交鋒情形加以整理陳述，不得提出任何申論及質詢階段未提出之論證，否則視為違規。

　　也許你覺得升為主管之後，再學習「領導與溝通」也不遲，或更樂觀的以為「當了主管自然就會領導」。其實，若不提早學習，除了升遷的機率較低之外（因為看起來不太會領導），團隊的績效也較差。除了在社團或學會擔任負責人，可以學習領導或管理之外，也可選修溝通的相關課程。

　　若能擔任社團的社長或系學會或學生會的會長呢？又有哪些收穫？

看看別人，想想自己

　　台科大電子系的郭書瑋，對擔任系學會的會長一職，感覺「物超所值」，因為：

　　我覺得改變我一生最大的事情，就是當上系學會的會長。高中時只會唸書，考上台科大才發現，讀書固然重要，但還有很多事情要學習。對大部分學生來說，大學已是學歷的最後一站；因此，有否學到可以運用在工作上的技能，更加重要。

　　系學會的性質近於服務性社團，當上會長，我找了班上十位同學當班底。這是我第一次擔任管理職務，要企劃及推動電子系學生整學期的活動，一開始非常不習慣，發現自己的時間都被學會占掉了。看到朋友出去玩，我卻忙著學會的事，心裡有點不平衡。

　　系會長就像公司的小主管，常得去找總經理（也就是系主任）報告最近的活動及運作情形。剛開始跟主任對話時不知所措，次數多了才抓到溝通要領。

　　要讓主任肯拿出經費辦活動，就要準備企劃案；跟主任講解活動內容時，身體要站穩、眼睛要看著對方，顯現出準備充分且有自信的樣子；有時來不及準備，也要「裝一下」。

　　主任常跟我說：「系學會的會長很少人願意當，現在肯出來扛責任

的人不多了。來系學會服務的同學是拿不到什麼回報的,但是如何從這裡學到一輩子受用不盡的東西,就要靠自己挖寶。」

主任說他以前唸大學時也參加社團跟系學會,「出社會工作後,書上的東西大部分都用不到,但當年參加社團或在系學會學到的東西,現在還很受用。」

我還代表學生參加學校的學務會議(就是對學生的記功、記過做表決的會議),每個系學會的會長都是學生代表。對於記過的案子,先由學務長開頭,並有當事人說明;當事人離開後,大家開始討論跟表決。起初我不敢說話,默默吃便當,但我發現隔壁化工系會長常舉手發表時,覺得自己也該跨出第一步。既然有學生代表的名額,就表示學務長及老師們想聽聽學生的意見。於是我也開始舉手發言,不是為了說服其他老師,只是想讓他們聽到另一面的想法,不一定要與人辯論。

我覺得擔任會長雖然忙得沒有自己的時間,卻愈想愈值得。有很多機會跟長輩及老師溝通,學到人際相處與溝通的技巧,學到在團體中如何表達自己的想法。

領袖的挑戰是讓所有成員一起付出、分工合作,而且工作愉快。所以領袖「必須」跟團隊每個人都能有效溝通,不論多麼難以溝通甚至令人頭痛的下屬,還是需要互動。所以擔任領袖要先注射「預防針」,培養「氣度」如下(王淑俐,2013,頁199-204):

1. 「以服務代替領導」、「承擔團體成敗之責」:領袖要思慮周延,想到所有該做的事,再將工作分配給下屬,並監督或放手讓他們表現。
2. 不計個人榮辱:領袖應培養包容力,聽到批評或反對意見(尤其是公開時——當面或網路)要冷靜下來。將焦點放在需要解決的問題上,而非自己的心情。

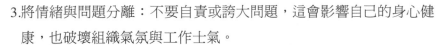

3.將情緒與問題分離：不要自責或誇大問題，這會影響自己的身心健康，也破壞組織氣氛與工作士氣。

4.有足夠的正面能量（樂觀、正向）：這種能量發自內心，能夠「激勵」或「催化」下屬的想像力、適應力與創新力。

5.將衝突視為常態：領袖要將挑剔及公開反對視為刺激與進步的動力，對於冷漠及私下抵制者儘快溝通，瞭解下屬的難處與事情真相。

6.不斷練習與培養「溝通協調」之軟實力：領袖花在「做人」的時間不比「做事」少，藉由人際聯繫或團體凝聚力，才能更快達成團體目標，營造雙贏的局面。

7.「以德服人」、「帶人帶心」：打動下屬的心，是上司的首要任務，所以要多關懷及協助下屬達成目標。

由低至高，以「1-10」分來看，你覺得自己在「管理別人」的能力方面分數如何？打算如何改善？

Chapter 7

跨領域並融會貫通

問題如何解決？

　　阿德覺得，「把一個科系唸到畢業」的大學教育不太適合自己。剛開始讀大學時，他的確感到惶恐。雖不至於要轉系，但又覺得所學的東西不能滿足他的好奇心，心裡常感到空蕩蕩的。

　　阿德的興趣廣泛，但被父母師長認為「不定性」，甚至沒什麼競爭力。看到阿德遊蕩、悠哉，父母不由得不為他的未來擔心。

　　幸好學校有「不分系學程」，不隸屬任何學系，也沒有必選修的限制，可以只上自己有興趣、想學習的課程。這提供了阿德一個不同的選擇，很適合他這種「跨領域」型的學生。

　　但「不分系學程」要畢業還是有門檻，得在一個學院修習至少50學分以上，同時還要拿到一個系所的輔系門檻。

　　阿德的各科成績雖不致頂尖，但也不差。有些老師上課也會「連結」別科的相關內容，有些科目還會協同教學，這些就是阿德最開心的時候。

　　阿德覺得，要解決問題只用單一領域的思維並不足夠。就像球隊或社團，不同個性及特長者的組合才能使比賽獲勝、讓社團更活躍。所以阿德覺得大家不該把自己限縮在某一個系裡，要以更開放的態度涉足其他領域的課程，且不只有在選修通識課程的時候。

　　阿德將三個專業融合後選課，實習的時候雖然比較忙，但覺得分外充實。

　　他打算將來就業時，朝著「斜槓青年」一族前進。因為現在的職業界線愈來愈模糊，需要多元的能力。所以重要的不是讀哪個系最有發展，而是具備更多技能且融合統整。

🦋 第一節　學習新趨勢──跨領域課程

　　學校的課程剛開始只是少數幾門，如古希臘後期的「七藝」課程：前三藝為「文法」、「修辭」、「辯證」，後四藝為「算術」、「幾何」、「天文」、「音樂」。課程的涵蓋範圍很廣，屬於全人教育型態。

　　隨著時代演進，分化出愈來愈多專業體系的獨立學科，如：經濟學、生物學、資訊科學、社會學、天文學、教育學、心理學等。若探討深入且有研究成果時，就會被稱為是某領域的專家。

　　從小學到大學，課表上安排了數學、國文、英文、地理、社會等各種科目。直到大學仍是進入不同學院、學系，領域之間壁壘分明，各學系只培育單一專業領域。但這漸漸不符合時代潮流，於是大學增加「不分系」或「跨領域」學程，培育多元能力，量身打造「差異化」的學習。

　　不分系學程最初實施在大一新生，藉由延後分流之優勢，從跨領域探索個人的學習興趣及發展能力。之後制度修改為「大一到大四」都可參與不分系學程，讓學生「自組」課表，想在哪個學院修幾學分都可以，畢業時以修課學分最高的學院為主，授予該學院的學士學位。

　　有些大學為了增加學生進入職場的競爭優勢，將「跨領域學分學程」擴充至博、碩士班的研究生，依自身興趣申請修讀，修讀完畢即可獲頒學分學程證書。

　　除了更彈性的修課，各大學的「不分系」學程還有一個共通點，就是畢業前都得「做專題」。例如：台大成立「創新設計學院」，強調以「解決問題」為出發，培養跨領域的創新、實作人才。成功大學的「不分系」要求至少有三個學期各要完成一個「專案」，每個專案6學分，共18學分。交通大學則是大一、大二每學期都要做一個1～4學分小專題，大

三、大四要完成6～9學分的畢業專題。清華大學的「不分系」（實驗教育方案），規定要做畢業專題。

跨領域學程使過去「被填鴨」的學生擁有很大的學習空間，但為避免學生不知如何善用這份「自由」，學校搭配行政、學業、核心領域等方面的導師，來輔導學生選課及做專題。

跨領域學習是教育改革的國際趨勢，未來社會將面對的問題，不能依靠單一領域的知能來解決，職場上更重視員工如何整合運用各種能力。

在大學跨院系選課，就叫跨界學習嗎？若選修醫學、文學、管理學三門課程，卻沒在三類知識之間建立關聯和連接，那麼並不算跨界。真正的跨界學習，要有意識地將三門課的內容和心得「融會貫通」。

還有一類學系一開始就是雙主修或雙專長，如清大、交大設有「電資學士班」，包含電機、資訊雙專長。清大「生命科學院學士學位學程」，以生命科學為第一主修，再依性向選擇第二專長。台大文、農、理學院等較冷門的學系，對雙主修門檻也大幅鬆綁。政大為了培養學生第二專長，強制每系開放輔系或雙學位名額，並協調英語、日語、外交、會計等學系，大幅擴增「輔系」名額。

要怎樣讓自己具備多專長及跨領域呢？可以修雙、輔系、跨領域及單項學程等方式，開發自己第二、三項專長，對日後的收入及精神層面都大有幫助。如：中醫系雙修西醫系、醫學系雙修法律系、電機系雙修歷史系、財金系雙修資工系，或修讀輔系、學程（培養就業專長）等。盡可能多方面嘗試，即使失敗也會有收穫。

看看別人，想想自己

世新大學李美宜從大二起修輔系，她說：

我讀的是口語傳播系，我對語言十分有興趣，於是準備以英語系為輔系。大二的生活就是和西洋文學概論、歐洲文學、西洋史等課程為伍。這些聽起來很硬、不好修讀的課程，其實非常活潑、生動。比如西洋文學概論，教授說起各式各樣的希臘神話故事，探討故事中的人物、場景、感受，可有趣了！

大三開始修教育學分，準備將來擔任國中英文老師。我很喜歡小孩子，當時擔任的志工需要多瞭解兒童和青少年的心理，才能打入他們的圈子。這些心理與輔導相關課程，在教育學程都有。

大三升大四的暑假，我到ICRT電台實習；一來培養自己的英文能力，二來則因為自己很喜歡音樂，想體驗另一種工作環境。

大四那年我在英語系學妹的邀約下，每星期五中午，前往北宜公路旁的雙峰國小免費教學生英文。這些孩子因為在學習過程中碰到挫折，不願意也不知道怎麼學英語。所以我們的任務是引起他們的學習動機和興趣，才有意願克服學習困難。

跨領域學習的重點在於有機會認識其他領域，激發不同的思維和視野。跨領域學習也許可以和自己的專長結合，也可能現在仍看不出所以然，要到未來才有用處。所以在校時期不妨多接觸其他科系或領域的課程，試著瞭解其他專業的內涵與範圍。例如，外文系學生可多選修商業管理課程，日文系學生可選修會計相關課程。

你想跨入哪些方面或領域，將自己培養為跨領域人才呢？請列出三種。

1.

2.

3.

第二節　學習新策略──融會貫通

　　融會是指融合領會，貫通是指透澈理解，融會貫通就是把各方面的知識融合貫穿，取得對事理透澈的理解。能從一件事類推而知其他事情，聽到一個關鍵點就能藉此理解更多，這是學習者的用心與研究精神，才能融合多方面知識，得到全面性的領悟。（出自宋・朱熹《朱子全書》：「舉一而三反，聞一而知十，乃學者用功之深，窮理之熟，然後能融會貫通，以至于此。」）

　　中華民國課程與教學學會理事長張芬芬（台北市立大學學習與媒材設計系教授）說：「素養是融會貫通的活知識」（張芬芬，2019），她說：

最有價值的知識是活用的知識，一種融會貫通後能在生活中活
用的跨域知識，一〇八課綱稱此為素養。
未來職場需要的是，能藉活知識，加上合作力、創新力、批判
力等去跨域轉職，解決跨域問題，完成跨域任務。
何以生活需要活用的跨域知識？生活問題通常不會以物理、化
學等單科形式出現，可能解決一問題，需兼用理化知識甚至史
地知識。

從107年度、108年度學測考題，可明顯看出素養導向的命題趨勢，包括：

1. 情境化：試題素材引用生活情境。
2. 整合運用能力：強調整合運用知識和技能，以處理真實世界的問題。
3. 跨領域、跨學科：考驗學生是否夠融會貫通，能運用不同學科知能解決一個問題。

　　跨領域能力是現代社會的「基本要求」，所以心態上要保持開放、好奇，不要畫地自限，不要一直待在自己熟悉、擅長的舒適圈裡。如今優秀員工要「專才與通才並進」，若只是某領域的專才，不能加入其他知識而資源整合，反而變成一種限制。可利用現有的知識框架快速適應新知識，新知識的學習還是需依靠舊知識來「融會貫通」。

　　「融會貫通」反映一個人的思考力，將學到的知識靈活運用於生活和工作。對於那些從未見過、沒有確定答案的問題，能整合思考的人，更快找到出路。這個世界的問題往往複雜，牽涉太多領域的交集，無法只透過A領域，就理解整個世界。

看看別人，想想自己

　　《工作大未來》一書作者村上龍，他的父母都是老師，他常聽父母說：「還好已經退休了，現在的老師真是太辛苦了。」因為從前的學生只要依著老師的教導，就可以獲取較好的工作；而今獲得「鐵飯碗」的時代已經過去，老師的權威也隨之消失。現代老師要「懂得人生」，還要能「充分與學生溝通」，否則無法贏得學生的信賴。村上龍說（曹姮、江世

雄譯，2007，頁340）：

> 企圖以權威來馴服學生，已經是不可能的事。今後所追求的理想
> 教師典範，是能充分與學生溝通的老師，而且要先能夠「充實自
> 己的人生，充分享受自己的人生」，再與孩子們接觸。生活乏味
> 且無趣的老師，無法獲得學生的信賴，學生只是被迫聽從老師的
> 指示。

　　現代老師對自己的角色定位與扮演，已必須重新思考與適應，不能
再按照傳統方式施教。其他行業的「理想典型」也都隨著時代改變，若
不知道時勢所趨而調整，增加更多專長，則會「吃力不討好」甚至被淘
汰。

　　跟不上時代的並非只是老年人，有時年輕人也因領悟力不足，對
於時代變遷的敏感度較弱而淪入「提前出局」。例如想當演藝人員絕非
有出色的外表就夠，多半先從選秀活動開始，而後接受經紀公司長期培
訓。訓練階段會跟各路高手一起上舞蹈、歌唱、表演等課程，表現好的人
先出道，不夠好就解約。為了站上國際舞台，外語也非常重要；中文、
日語、英語是基本功，法語或西班牙語也都要學。其他訓練課程還包括
「人格養成」，如：性教育、領導力、避免藥物濫用、禮儀、情緒管理
等。

　　有些學生發現自己原本的專長無法繼續時，該怎麼辦？本想以體育
專長保送大學的信毅，因為運動傷害而人生被迫轉彎。於是他重拾課本準
備升學考試。但因為是體育生，求學之路的挫折特別大。

看看別人，想想自己

台灣科技大學電子工程系的信毅說：

國中時因父親病逝，家中經濟頓失依靠，使我對未來十分迷惘。在朋友的介紹下，我進入田徑隊，想以體育績優保送高中、大學。

進入田徑隊後，因每天勤練而有不錯的比賽成績，保送海青工商體育班。之後我更積極，想要保送師範學院。天不從人願，長年累月的運動傷害迫使我必須終止體育活動。我從體育班轉往大榮中學資訊科，一切重新開始。從粗壯的運動員變成斯文的學生，心裡真不平衡。

這個決定相當冒險，現在回想起來卻覺得是我這輩子做過最好的決定。很多時候你無法控制每件事，卻可控制自己的心態。人生會怎麼走，我們無法完全預知。

進入大榮中學，第一個問題就是課業嚴重落後。從國中起，我的功課就缺乏紮實的基礎，更從未接觸過電子專業科目。但我秉持好奇、求知的心態，遇到不會就非搞懂不可，終於漸入佳境，更對所學產生極大興趣。

如果沒有轉往讀書之路，美好的經驗將不會發生。對我來說，這帖良藥雖然很苦，但人生就需要這樣的磨練。

高中畢業後，我考上高雄海洋科技大學電訊工程系二專部，我不想就此滿足，於是每天勤跑補習班，準備二技升學考試。第一次沒有考到心中理想的學校，因而決定重考。在幾乎所有人皆反對情況下，我更加下定決心，非第一志願不讀。天公疼憨人，最後我終於考上台灣科技大學電子工程系。

你能想像「從粗壯的運動員變成斯文的學生」是何等景象？有多大困難？你是否也曾遭遇學習的困頓，如何找到出路？

看看別人，想想自己

世新大學畢業，去澳洲取得博士學位的張瑩徵說：

高中以前的我，僅在課外活動可以拼湊出青春的歲月。應該是主角的課業成績，總十分難看。高一我是班上的最後一名，這樣的結果其實並不意外，因為課堂上我總和瞌睡蟲作伴，或和同學互傳紙條。下了課也不讀書，考卷發下來當然只有發愣和乾瞪眼的份。

我在鄉下長大，讀的是當地一流的國立高中。導師極具教育熱忱，對我這個小班長疼愛有加，可惜我的成績無法回應她深切的期待。父母受到成績單一連串的打擊後，媽媽說：「既然書怎麼都唸不好，就好好的玩吧！以免以後回憶時連玩樂都沒有。」

讀文科的我，對於數學的個位數分數早已司空見慣。直到高三模擬考，各科分數都差強人意，但社會組的強項——歷史卻只拿9分。過低的學業成績終究戰勝不了現實，我進了高四重考班，但也起不了作用，我和一票愛玩的朋友繼續享受青春，隔年考試只進步3分。由於當年考題偏難，我得以順利上了幾所學校，於是選填大眾傳播類科。

家中子女眾多，上大學後我積極打工掙生活費。只是打工和社團活動使我沒有力氣因應課業，蹺課極為嚴重，好幾個科目都低空飛過，沒被退學已讓人鬆了一口氣。

但一些選修課卻讓我開始對上課產生興趣，一學年的「地球科學概論」，從大爆炸到地球生態的起源和發展，終於解開了我對於猿人的困惑，理解了歷史的開端。「西洋兒童文學」開啟了我觀察和分析的能力，小時候最愛的格林童話，現在可用另一個觀點看待它。我終於發現知識的樂趣，從此掉入浩瀚的學海裡。

儘管求學之路跌跌撞撞，命運之神終究還是眷顧著我。一步一步的

努力使我考取了中等教育學程，積極進取的同學是我最佳的帶領者與學習典範。大四那年我報考的研究所傳來好消息（國立東華大學），雖然不是時下流行的商業管理系所，而是偏冷門的社會類科，但對我卻意義非凡。

進入研究所後廣讀各類書籍，讓我真正懂得什麼是知識，學習如何做一個獨立思考的人。每個挑燈夜戰的黑夜，都成了一種愉悅。我在學海中滿足的翻滾，也在書卷獎的肯定中歡欣喜悅。

工作幾年後我決定離職到國外繼續進修，回想過去這些年，雖然錯過的不能重來，但更慶幸自己未曾放棄，才能繼續不斷往前走，看見更寬廣的天空。

大學階段沒有沉迷於奪目、糜爛的奢華與玩樂中，才讓我有機會掌握學習的契機，開拓更多的可能。偶爾看見街上縱情玩樂的大學生，內心總燃起一股可惜的感覺。因為自己走過這一段，所以更懂得把握學習機會。

雖然我的起步晚了些，但更知道如何運用每分每秒，開創自己所想望的人生。對我來說，大學階段才是學習的開始，我不因過去的打擊與挫折而氣餒，不侷限自己的發展與潛能，反而成為蓄積能量最好的時期。

活動 7-2

你想結合哪些學科或課程、嘗試變換學習方式，成為多學科融合或與人合作學習？

合作學習（Cooperative Learning）

顧名思義就是群體學習，學生以小團體的方式一同工作，除了保持個人的貢獻，也和大家一同努力，以達共同設定的目標。在合作學習中，團員共負榮與辱，講求團員中的彼此支援、協助、分享與鼓勵。

合作學習並非隨便找幾個人一起學習就可達到預期成果。要使合作學習發揮最大的效益，有一些基本的概念及技巧：

1. 共同目標（group goal）：目標設定應考慮到個人及群體皆能參與表現。

2. 彼此支援（interdependence）：大家要分配任務，分享資源，還要設定共同報酬（joined reward）。除了自己積極參與，執行分配到的角色、任務，還要協助其他團員，因為最後大家得到的報酬或成績是同樣的。

3. 學習中的互動（on-task interaction）：團員間的相互討論、詢問、解答等，會使團員積極參與，讓整個學習過程更富有活力，加深、加強學習的成效。

4. 每個人的參與（individual accountability）：在合作學習中，最不希望發生的是有些同學或許能力較強，喜歡掌控一切；另有些同學或許較被動或能力較差，則幾乎什麼事都不做，合作學習必須強調團隊中每個人實際參與的重要性。

5. 訂定分組的原則（criteria for grouping）：合作學習就是二位或二位以上同學一起學習，共同去完成既定目標。分組合理的方法是視合作學習的目的及教學目標而訂。多數認為二至三人是較佳的選擇，如果超過六人，則會失去團隊的合作效益。

6. 合作的社交技巧（cooperative social skills）：合作要愉快，就必須注意溝通技巧，諸如尋求或提供協助，盡己之力並保護自己的權

利，信賴他人，有爭執時該如何處理，要注意禮貌，注視說話者的眼睛以示尊重，做適度的肢體回饋。

7.檢視合作過程（group processing）：每次合作學習後，應有五至十分鐘的檢視。這種檢視不可忽略，因為從檢視過程中，合作成員可以開誠布公的討論，讓所有成員知道哪些做得好，哪些做得不好。

　　合作學習是順應人性，也是一種趨勢。由於彼此的互相激勵扶持，會培養對他人的關心和尊重，也得到自身和他人的肯定。

資料來源：摘自國家教育研究院，陳惠美，2000年12月，教育大辭書。

第三節　職能新要求——全方位與活化

　　現今的職場，只有一項專長是不夠用的，漢南（Heenan, D.）所著《雙料生涯》（高仁君、夏心怡譯，2004）一書指出，不少世界級名人，都擁有多項專長。如英國首相邱吉爾，他不僅是政治家、軍事家、演說家，還是作家，寫作的數量及收入都十分可觀，獲得1953年諾貝爾文學獎。邱吉爾的繪畫也得到倫敦業餘畫家首獎，畫作被倫敦皇家藝術學院珍藏，被頒為皇家藝術學院特命榮譽院士。邱吉爾直到90歲高齡去世前，活動力仍十分旺盛。

　　新力公司董事長大賀典雄，具有聲樂家、噴射機駕駛、交響樂團指揮等多項專長。大學時就讀東京大學藝術與音樂系聲樂組，曾將錄音機的專業意見提供給東京電訊工程（1958年更名為新力公司）創辦人——井深大，畢業後受聘為該公司兼職顧問。大賀最初的專職是歌劇演出，29歲

正式加入新力公司，直到60歲重返摯愛——樂隊指揮，他與波士頓交響樂團、大都會歌劇院、柏林愛樂、以色列愛樂、匹茲堡交響樂團等均有合作。71歲時，因一次輕微腦溢血在台上昏倒，才暫停指揮生涯。

你是否為「全方位人才」以及能否「活化」——靈活應變？這對未來職涯發展有多大影響？工業化時代強調專業分工，所以畢業證書寫的是XX大學XX系，這樣的「履歷」對現代職場來說就不夠好用。如果無法跨界，使自己更加全方位，「一技之長」可能變成「一技之短」。

一、多元職涯發展

現在就要積極擴展個人第二、第三專長，未來進入職場才可為組織提供跳脫以往的創新作法。新世代需要「跨領域」人才，所以要多元學習，才能不被AI機器人所取代。

進入職場必須整合不同專業領域的知能，才能保有充足的戰力。跨領域人才代表跨專長、跨界、跨視野、跨技能、跨文憑、跨語文的通達能力及思維，並相互結合、妥善運用。在不同的領域中經由「舉三反一」的良性循環，創造新的局面。

過久浸潤在某一領域的專業，對於其他領域會產生格格不入的現象；一旦需要跨領域，就容易退縮或失敗。許多企業透過讓員工在不同職位間輪調，以培養員工不同領域的知識與技能。

企業內部也會進行較長時間的整合性人才培訓，把資訊、資安的人才送去學行銷企劃，原本做行銷企劃的人才也要懂設計，讓員工至少具有行銷企劃、設計、UI/UX、資安、程式設計等多項技能。任一企業均需隨時檢視組織，定期作人力盤點，瞭解組織內的人員的職能分佈，以便根據需要而進行培訓、輪調或向外招聘人才。

當今職場的人員流動率越來越大，換過幾個工作的人不在少數，傳

統「從一而終」的工作形態越來越少。但若只在同一產業不同公司的同一類崗位流動，變化的只有薪資和工作經驗，想跳槽實現跨界的可能性就很小。如果能把第一份工作經驗有意識地帶到下一份不同的工作，經過幾次換工作就已實現「半跨界」或「準跨界」，但仍然不算「跨領域」，除非能將多份工作的知識和經驗交會起來。

跨領域是把兩個以上不同學科串起來，「搭橋」讓多個學科有密切的交流，甚至進一步融合而擦出新火花。例如從事行銷、旅遊行業者需要具備多元思維，開發更有創意的行銷或旅遊方案，像是醫療觀光、文創旅遊。

不少醫生跨到醫學工程領域或攻讀醫療器材相關研究所，這樣即可轉換兩個領域的語言，讓需求和研發能準確對話，確保沒有溝通落差。同時兼具兩個領域的訓練，最能有效掌握兩者的思維而融會貫通。其他如：醫學法律、科技法律、生醫光電、農業科技等，也都是跨領域的整合。

跨領域不是目的而是過程，很多知識不要覺得無關就不學習。如果你能保有強烈的好奇心，不論觀察、與朋友討論或媒體報導，你的背景知識就會愈來愈豐富。

跨領域人才能將多學科相融合，調整自己的認知方式以適應不同的環境。透過想像力、直覺、歸納、理解及系統性思考，融會貫通不同領域的知識。

如今固定時間和場所的傳統工作逐漸被結構鬆散、合作式的就業方式取代，「斜槓青年」就在這樣的大環境下應運而生，也屬於跨領域的工作型態。這種新的就業趨勢——具有多重身分的「斜槓青年」，是指同時擔任兩份或以上的專業工作，或在某一行業得到相當成就後轉往另一行業發展。斜槓人能為職涯找尋更多機會，發展自己的潛能，找到自己的熱情，選擇想要發展的第二、第三專長。

斜槓人設法將學會的新技能轉變成收入，他們利用寫文章或拍影

片,在網路上分享自己的技能,行銷自己的專長、建立個人品牌。例如運動健身、教育、私廚美食等分享平台,就讓大量技能擁有者直接為用戶提供服務。所以只要你擁有紮實的知識、才華或技能,就可以擁有多重職業和身分,過一種自主、多元和有趣,同時又能經濟獨立的生活。

這個就業新趨勢,政府部門也看到了。例如,新北市政府於2019年6月底,推出全國首創青年就業第三支箭——「斜槓青年職能培力計畫」,協助設籍本市、年滿18歲至29歲的斜槓青年、多重兼職青年、數位平台接案青年,提供職業訓練、職涯諮詢、職能盤點、勞動權益課程、就業促進研習、共享經濟講座及創業諮詢等培力措施。培力津貼及職訓補助最高23,000元,讓青年提升職能,開創多元職涯發展。

二、培養「活用」的工作態度與技能

在職場上不難看到受到長官信任、放心的工作同仁的一個共通點:「有一副靈活的腦袋」。能以多面向來思考事情,因為多數事情本來就沒有一個標準答案。「活用」還表現在「不要只做上司交付的事情」,這裡不是叫你「自作主張」,做一些權責之外的事情;而是要你從工作本身延展出更多的可能性與價值!這些「活用」腦子的技巧,要從學生時代開始磨練,方法如下:

1. 擴大學習的興趣,嘗試跨系及跨校選修課程。
2. 參加社團且擔任幹部,以舉辦大型活動、解決諸多問題來磨練腦子。
3. 參加辯論比賽或社會服務團體,以腦力激盪及運用所有資源來達成任務。
4. 藉由企業實習、實地實習、海外實習等,提早學習職場的待人處事。

5.多與長輩、長官、老師相處，練習如何「不要只做上司交付的事情」，能夠察覺他們的期待而成為善解人意的晚輩、下屬、學生。

還有哪些「活用」腦子的技巧，可以從學生時代開始磨練？請問問別人，找出你還不知道的三種方法。

1.

2.

3.

Chapter 8

產業趨勢及求職面試

問題如何解決？

　　仲宇在大學推甄時參加的「口試」，是他第一次較正式的面試經驗。感覺很簡單，又好像很困難。簡單是因為高中（職）的老師以及考上大學的學長姐會幫忙「模擬面試」，只要按照「模擬試題」準備，盡可能把答案背熟，流暢地講出來就可以了。後來仲宇也順利上榜，他覺得這樣的準備很有用。但好友凱翔落榜了，就認為面試練習的效果不大。

　　升大學的面試過關了，但求職呢？應該比升學面試難多了吧！如何準備才有勝算呢？仲宇去了一趟學校的就業輔導組，生涯顧問師的建議如下：

1. 瞭解就業市場：除了上網詳閱想投履歷的公司之特質與人才需求外，還應擴大範圍，瞭解產業的發展與變遷，甚至是國家整體的經濟情勢。如此一來，回答時較能「大處著眼，小處著手」，不至於內容空洞、答非所問。

2. 紮實的模擬面試：這部分不可以「閉門造車」，要請教已就業的學長姐或與同學一起準備。想投履歷的公司若有母校的學長姐任職，就要把握機會多向他們請益。

　　如何得到學長姐的幫助？在學期間要與學長姐有良好互動，系所舉辦職場或校友相關活動時，要儘量參加並與主動校友「接觸」，留下與之後續「聯繫」的方式。

　　求職面試時間通常很短，要發揮最大效益，充分展現自己的優勢能力。

第一節　產業趨勢及新增行業

　　科技、產業、市場快速變遷，目前熱門的工作轉換成人力資源專家、數位行銷／社群行銷、業務、體驗行銷專家、UI及UX設計人才、IT資訊人才及APP軟體工程師、資料科學家及大數據分析師等。

　　目前較有發展前景的產業屬於科技資訊業、金融業。數位行銷／社群行銷要運用複雜的數位廣告技術，設計輕鬆、方便取得服務的金融APP，使存錢、借錢、投資、資產配置等變得簡易。在不斷蛻變的APP科技產業中，需要擁有龐大專業知識與創新思維。資料科學家、大數據分析師透過購物行為分析，推出消費者屬意的組合或優惠。

　　人工智慧、物聯網時代的來臨，許多產業都遭到數位浪潮的襲擊。知識經濟時代的HR，要善用數位招募、大數據分析，才能快速解決問題。如今適應職場新情境，須採取下列步驟：

一、跟上產業趨勢

　　佛里曼（Friedman, T. L.）在《世界是平的》（*The World is Flat*）一書，對產業變化提出重大提醒（楊振富、潘勛譯，2005，頁47），除了工作方式改變，如：「外包」到世界各地、岸外生產或產業外移、超大型商店的供應鏈、「內包」（幫助小公司，集中流通貨物），其他的變化則與電腦或數位有關，如：1989年11月9日（柏林）圍牆倒下、（電腦）視窗開啟，1995年8月9日網景上市（電腦網路相連），世界各地從業人員能利用電腦網路及軟體共同完成工作，電腦軟體共享，資訊搜尋使用率大增，電腦通訊科技產品輕薄短小但功能愈來愈多等。

　　佛里曼說，會計師、醫師、軟體工程師、證券分析師、記者等職業

都在「外移」，連餐廳服務員也是，所有能「數位化」的事務都可「外包」至世界各地（價位低但品質佳）的遠距工作者。

從佛里曼的觀察可見，未來職業的共通特性為：

1. 網路及電腦相關軟硬體產業繼續擴大影響：資訊科技打破時間及空間限制，將工作「外包」給不同國籍、互不相識的人，既節省投資、爭取時間、運用專才，也更快達成工作任務。甚至將整個產業移到國外，投資報酬率及產能更高。
2. 超大型企業體的流行：生產、製造、銷售的路線從上游到下游貫串起來，像交通網而且是高速及快速道路，更省時及便利。超大型賣場幾乎將所有顧客一網打盡。

產業外移是指國內企業或工廠整個或部分轉移到境外，雖然應徵的是本國企業，卻可能要前往國外工作。

企業積極培訓海外「儲備幹部」（Management Associate, MA），赴中國大陸、日本、澳洲等主持分店或開發業務。培訓時間長達一年，其間約有半年直接在海外分店實習或就讀國外之研習機構。這類企業包括銀行、金控、房屋仲介、皮鞋、電子業等，參與者多為六、七年級生。

針對這股就業趨勢，要積極準備赴國外自我挑戰，或在心理上準備調職到國外（至少是兩地奔波）。若沒做好準備，往往容易適應不良、心力交瘁，也妨礙團隊的業績。

另一個就業趨勢是「職缺派遣」，也就是以「專長」接受企業「專案委託」。這種就業形態是以「達成任務」為目標，不再專門受僱於某一企業，屬於「非典型就業」或「派遣人力」，以製造業、金融業、量販業最為普遍。其他可使用派遣人力的職種還非常多，從短期、季節性的展覽場服務、信件整理，到總機、會計、電話行銷，甚至專業的專案經理、企業諮詢或新事業的研究開發等，都可將工作一段一段的切割開

由派遣人才接手完成。這種職業型態雖然沒有保障，卻是未來需要適應的就業方式。

兼職與派遣

　　與穩定工作相比，「飛特族」（freeter音譯，指工時彈性且生活自由的工作者）這類「非典型工作」崛起，包括派遣、臨時工、接案。多數人自願從事這類工作，最大原因除了自由，收入也有不小的想像空間。

　　行政院主計總處2017年「人力運用調查統計」指出，我國從事部分工時、臨時性或人力派遣工作者高達80.5萬人，創下歷年新高。1111人力銀行最新調查發現，這些「飛特族」占全國就業人口將近一成，其中屬於「被迫」性質的人只有兩成，高達八成的人皆為自願。

　　從事非典型工作的主要原因，多半基於工作時間彈性、找不到合適正職、轉換工作空檔、符合個人興趣、無一技之長等；總體而言，非典型工作多半具有排班彈性、型態多元、地點不拘、薪酬現領等特質，致使部分「飛特族」基於個人因素或階段性考量而自願投入。正職就是領固定薪水，每天朝九晚五的上班。飛特族的工作模式會有多餘時間，可以安排自己的事情，而且兼差較多時，薪水可以比正職多。

　　台灣薪資所得連年倒退，在前幾年不景氣的影響下，升職加薪根本是難以實現的夢想。許多上班族為了求謀生，在正職工作之外，無不想盡辦法賺取「第二份收入」。根據1111人力銀行的調查，台灣至少有四成左右的就業人口有兼職經驗，兼職者平均每月可兼1.5份工作，約可增加9,000元的收入。八大熱門兼職種類：

1.App設計：為了滿足人們的需求，各式各樣的手機應用程式（App）應運而生，App設計成為高需求的兼職種類。
2.美術設計：包裝設計、雜誌平面設計、商標設計等。

3.網頁設計：網頁設計仰賴個人的專業經驗，一旦累積大量作品，長期接案或以接案維生並無不可能。日後還有網站維護工作，所以要做好個人時間管理。

4.家事服務／鐘點管家：工作往往耗盡一天精力，家事因此經常被忽略，尤其是雙薪家庭，家事服務成為許多家庭的救星。若與雇主關係良好，建立長期合作關係，能有穩定的收入。

5.文案／部落格撰寫：智慧型手機普及，帶動資訊的流通，許多商業型的部落格或是新媒體對於內容建置的需求量大增。

6.翻譯：翻譯工作仰賴的是優秀的外文能力、專業知識以及對文字的敏感度。除了文件翻譯之外，口譯工作也是另一個選項。

7.攝影：要能利用這個攝影技能接案，除了不斷地累積作品之外，經驗也很重要。而長時間的工作型態，須有好體力。

8.聽打逐字稿／資料key-in：打字工作算是兼職市場的入門工作類型，這類工作通常需要能在短時間完成工作，並且能細心校對文稿。

依據行政院主計處2010年5月的調查，青年（15～29歲）「非典型就業者」達26.7萬人（占11.89%）。2014年5月，我國就業人數1,105.2萬人中非典型就業者（部分工時、臨時性或人力派遣工作者）計76.6萬人，占全體就業者6.93%，較2013年增7,000人。107年5月，就業者1,141.1萬人中非典型（部分時間、臨時性或人力派遣）工作者計81.4萬人，年增9,000人或1.05%。對非典型就業職業類別的觀察，兩性皆以「技藝有關工作人員、機械設備操作及勞力工」之部分工時、臨時性或人力派遣工作最高，其次為「服務及銷售工作人員」。

為因應產業發展與社會環境的變遷，如：數位化、少子化、高齡

化、國際化、環境保護等，大學也逐漸調整系所走向，熱門的如：光電、環境、觀光、文化創意、老人保健等領域。大學開設各類學程（獨立辦理或由各系增開），如：觀光與休閒事業管理、觀光與會議展覽學位、奈米科學與工程學位、景觀與休憩學位、口語傳播學程、日文學程、應用歷史學程等，但李家同提醒（2006）：

> 如果我們為了某種行業的需要，而設計了某一學程，萬一這個行業沒落了，學生反而會很快的失去競爭力。我們不能在教育上炒短線，而要有「永續競爭力」的觀念。學生如何能應付千變萬化的社會呢？唯一的辦法是在基礎學問上打好基礎。我擔心我們的大學會產生許多「廣而不深」的同學，他們對一些新名詞能夠朗朗上口，但是禁不起問。

所以，大學固然要因應社會趨勢變化而提供就業的學程或學系，但還是要注重紮實的「基本功」，以免學生只學到皮毛而沒有競爭力。

另外有些職業雖然少見，例如海洋產業，但以我國的海島地形來說卻值得投入與發展，包括造船業、漁業、海洋科技產業、海洋觀光遊憩等。

二、正確的就業觀念

安凱利在《改變，做對的事》一書中提出（2006，頁24-30），要找到理想工作首要打破傳統的就業觀念，如：

1.一定要在大企業或政府部門工作。

2.一定要從事高薪工作。

3.一定要從事高科技等熱門工作。

正確的就業觀念應是：

1. 經常投資自己，吸收當代科技知識、熟練新技術，走出過去的生活限制，把自己培養成適應未來的人才。

2. 客觀評估自己適合哪種行業，這與人生抱負及期望密切相關。

3. 不能把自己看得太高而太理想化，受挫時也不要輕視自己，以免懷憂喪志。

4. 工作最基本是賺到錢以維持生存，只要工作正當，多卑微都不應自卑。

日籍作家村上龍於2007年出版《工作大未來——從13歲開始迎向世界》一書，開宗明義即說：

考上好大學，就能進入大公司或政府機關工作，從此過著安心穩定的生活，這樣的時代已經過去了。大企業會倒閉、公務員可能被裁員，終身僱用的原則已經崩解。

2013年，村上龍再出版《新工作大未來》一書時，為因應社會變遷而淘汰掉不合時宜的職業，且介紹許多新行業，如：侍酒師、芳香療法師、網站設計工程師、幼兒律動指導員、文藝或政經評論家、自由作家、運動醫務人員。也對許多行業賦予新意義，例如書店店員（含二手書店）若能與客人分享某些書籍的價值，就會更有成就感。書中提醒：符合父母那一代的工作觀不一定合乎現代工作的要求，如今不必追求人人想從事的熱門行業，而要認清自己的興趣與抱負，選擇喜歡的工作。只要是正當的職業，都能對社會有貢獻並展現自我的價值。

你對大學各學院及科系的瞭解有多少？找出幾個有興趣或較陌生的學系好好探索一番。最好能訪問那些系的老師、同學，若能選修該系的一兩門課更好。

第二節　如何獲得就業相關資訊

　　到哪裡可以獲得就業資料？如：學校的「生涯或職涯發展中心」、學務處的「就業輔導組」，都會提供靜態的職場訊息、職業性向測驗，以及動態的生涯諮詢、創業講座等。學生團體如「畢聯會」，也會辦理「校園徵才博覽會」，邀請企業或廠商來設攤及介紹職業內容，甚至可當場直接面試。參加這樣的博覽會學生也可當面詢問關於職務、產業或公司的各種問題，並投遞履歷表或進入某企業實習或試用。

　　校外的就業資訊可到政府相關部門、民營就業輔導機構、公司或企業網站等搜尋，以及到企業或實地實習。

一、政府相關部門

　　教育部青年發展署（前身為「行政院青輔會」）提供大專青年「RICH職場體驗網計畫」（2013年1月20日核定），以Rising（提升）、Intelligence（智識）、Confidence（自信）、Health（健康）四大面向為目標，每年結合相關大專校院、民營企業、公部門及非營利組織，為大專校院在學青年提供優質工讀環境，累積職涯歷練經驗，為未來進入職場增加能量。透過

各類職場體驗，協助青年將課堂所學應用於實務上，並及早規劃職涯，從工作經驗中提升核心就業力。內容包含：一般工讀專案、經濟弱勢青年工讀、青年暑期社區工讀、大專生公部門見習等四項專案計畫。

各縣市政府也紛紛設立青年局協助青年創業，具體做法如：打造人才匯集青創基地，營造友善創業環境，整合產官學資源，進行創客知能培力，建立有利創新生態系。也提供創業一條龍服務，支持創意構想，提供募資輔導及創業貸款，補足創業資金缺口，陪伴創新公司成長等。

勞委會職訓局的青年職訓中心為幫助青年學子瞭解產業，提供「就業指南e網」，內容包含「行業就業指南」（行業特性、就業情況、相關職業、目前及未來展望）與「職業就業指南」（職業特色、工作條件、就業情況、薪資待遇）兩大項，使學生及社會新鮮人瞭解各行各業工作內容及動態，以做出完善的生涯規劃。

二、民營就業輔導機構

可以到網路人力銀行及各種人才仲介公司的網站上登錄自傳、履歷或查詢工作機會，它們的資訊豐富、具時效性，並可依自己的條件與需求搜尋相關就業機會。人力銀行能應對求才單位與工作性質，而會加以過濾。人力仲介公司會主動建立人才資料庫，除了接受企業委託的求才外，也會代替企業甄選員工。求職者必須瞭解仲介公司是否合法及收費情形，也要清楚工作的內容。

三、詢問親友師長

親友、老師、學長是一般人最常運用的謀職管道，一方面可節省求職時間之外，而且也較有安全保障。但工作範圍較窄，容易造成學非所

用、志趣不合、人情壓力、公私不分等狀況。勉強就職，工作表現與個人
滿意度都可能欠佳。所以，在今日高度競爭的時代裡，企業及公司還是傾
向以公開遴選方式招募人才，親友介紹謀職的機會日漸減少。

四、企業參訪、實習

就算參加公開遴選，若該行業或企業體有親友及學長在內任職，仍應
把握機會事先請教，有助於求職的實質及心理準備。所以在學期間就要與
畢業的學長姐多聯繫，及早認識某些行業，及時知道與更新求才的訊息。

如果對某些工作或企業有興趣，可設法前往參訪，實地瞭解作業情
形。進一步可爭取義務實習或兼職工讀機會，或由學校安排前往實地實
習。除了藉此體驗工作狀況外，也檢驗自己是否真正喜愛及適合這個行
業。若真想投入某行業，實習或工讀的經驗有極大幫助。

你目前在哪裡實習與打工，對未來的就業有何幫助？若你還沒有實習或打工
經驗，請訪問三位有經驗的學長、同學，看看他們的收穫與心得有何不同？

第三節　求職及面試的準備

尹衍樑提醒年輕人求職時應（周啟東、黃玉禎，2009）：

適度表現自信，適度表現出你願意永久地、堅持地追求你的目
標。因為太容易轉換目標，太多選擇的話，做兩個月就跑掉了。

　　大學階段若沒有求職經驗及心理準備，第一次謀職就會不知如何進行。若自以為具備高學位及學術專長，就能得到別人的欣賞及重用，謀職自然不會順利。

一、求職行動

　　不管你的學歷及能力如何，求職時應有的行動包括（陳芬蘭譯，1995，頁160-166）：

1.購買或閱讀一些最新、最好的就業指南（雜誌）。
2.千萬別對任何一封求職信掉以輕心。
3.邀請一些肯為你介紹工作的朋友共進午餐，並與他們保持聯絡。
4.將履歷表格式化（電腦製作），邀請不同行業的朋友協助修正，使其能吸引企業主閱讀。
5.對於可能接受的工作或作風與你截然不同的老闆，要有正面積極的想法。

　　初次求職約需半年時間才能成功，但過程中不論是成或敗，都要保持自信。平時要好好運動，不要停止休閒娛樂。設法讓自己看來神采奕奕、光彩耀人，不失去樂觀心態及幽默感，才能使親友樂於接近你、支持你、幫助你。求職失利不要灰心，別耿耿於懷或老說喪氣話。

　　積極主動打電話給各地朋友，瞭解當地的徵才活動。任何人曾為你的求職出過一份心力，不論成與敗都應儘快寫封謝函，並且在信中自然表露真情。一般人常犯的錯誤是：求職成功時才致謝，反之則無聲無息。

　　要製作一份詳實的「履歷表」，不論是學歷或工作經驗（含工作期間）都要註明，不可虛偽及謊報。履歷表可以自行設計，並將寫好的履歷內容請教師長或已就業的親友提供修正意見。履歷表當中應包括：

1.職場生涯目標。

2.個人教育背景及專長（含證照、成績證明、得獎紀錄、進修）。

3.相關工作經驗。

4.社團及志工活動。

5.簡要自傳。

6.推薦人及推薦函。

各項內容宜精簡及條列化，千萬不要長篇大論。

 看看別人，想想自己

履歷表1——林哲宇

一、個人資料

出生日期：　　　　　　身高體重：

E-mail：

聯絡電話：　　　　　　聯絡方式：

通訊地址：

駕駛執照：普通重型機車駕照、普通小型車駕照

交通工具：普通重型機車

二、教育程度

學歷：

1.國立台灣科技大學電子工程所碩士

2.國立高雄應用科技大學電子工程系學士

3.台北市立松山高級工農職業學校電子科

求職條件：

希望職務名稱：研發替代役／硬體研發類／硬體研發工程師

最快可上班日：錄取後即可上班

希望工作性質：全職

希望工作地點：台北市、新北市、新竹縣市

希望薪資待遇：依公司規定

技能專長：

語文能力：

外文─英文　聽（中等）　說（中等）　讀（中等）　寫（中等）

外文─中文　聽（精通）　說（精通）　讀（精通）　寫（精通）

方言─台語（中等）

擅長工具：Excel、PowerPoint、Word、中文打字50～75、英文打字50～75、Agilent ADS（advance digital system）、Ansys HFSS（high frequency structure simulator）

工作技能：高頻電路設計、簡報軟體操作、溝通協調能力、細心解決問題

自傳

◎家庭狀況

我是林哲宇，家中成員有爸爸、媽媽、弟弟、妹妹。爸爸從事服飾代工，媽媽是家庭主婦，弟弟目前就讀台灣大學土木工程所，妹妹是鋼琴老師。由於家教甚嚴，讓我不僅具有正面思考、孝親、刻苦勤儉，且能獨立自主。

◎學經歷與台灣科大電子所研究方向

就讀國立台灣科技大學電子所碩士班時，研究主題與轉角共平面波導結構的最佳模型化相關，有助解決電腦主機板的設計及處理電磁干擾問

題。研究過程中需要操作HFSS高頻模擬軟體，從初學、自行鑽研到上手使用已融會貫通。過程中遇到問題皆自行翻閱軟體使用手冊，及上網查詢如何調整相關設定。不僅增強自我學習能力懂得判別可行性，且創造新概念來實現。

我時常與師長、研究室夥伴討論如何利用更有效的辦法解決問題。讓我體會到要完成一件事並不是一蹴可成，必須穩紮穩打，對自己每個實驗決策負責。平常學習就必須培養對於資料—資訊—知識—智慧的轉換處理能力，遇到困難與挑戰才能做最好的判斷與解析。

◎台科大教學經驗

研究所時期擔任工程數學課助教，教導大學部學生，讓我學習到如何引導學生吸收知識，為學生解惑對我來說是一件開心、滿足的事。在研究所修課也瞭解到一個道理，除了學習專業，更要有人文素養，領導能力與溝通協調不可或缺。進而攻讀相關課程，讓我明白人與人之間細微的互動，學習如何有效溝通、化解爭端、提升團隊合作能力。

◎結語

1. 於解決問題的過程中，時常思考研究的方向、目標能否有所突破，是否能提出新的方向。

2. 研究過程中，遇到有疑問會立即尋找解決方法，若無法解決，會與此方面有經驗的專家學者或與研究團隊討論，學習如何做出最好並符合嚴格品質的作品。

3. VNA、TDR以及蝕刻PCB板洗電路相關經驗。

作品附件　1.附件檔案1

看看別人，想想自己

履歷表2——杜奕言

一、個人資料

生日		身分證字號			身高		體重		血型	
E-Mail					婚姻 狀況					
現在 住址					聯絡 電話					
永久 住址					聯絡 手機					

二、教育程度

學歷	學校名稱	科系	起訖年月
大學	私立實踐大學	服裝設計學系	民國92/9～98/6
高職	私立東方工商	觀光科	民國85/9～88/6
國中	台北市立金華國中		民國82/9～85/6

三、工作經驗

君悅飯店凱粵園／餐飲服務生／民國87/8～88/3

福華飯店／餐飲服務生／民國89/3～89/12

福華飯店游泳池／救生員／民國89/3～89/12

實踐大學媒體傳達設計學系／行政助理／民國93/2～96/12

實踐大學服飾博物館／行政助理／民國97/1～98/6

名門國際旅行社／行政助理／民國98/9～98/12

聲聲慢服飾店／店長／民國99/1～99/6

兩岸交流協會／行政助理 領隊／民國99/7～100/9

保德信人壽／壽險顧問／民國100/10～至今

四、專長及修習相關科目

電腦專長：

1.Ms office（WORD、EXCEL、POWERPOINT）

2.Adobe（ILLUSTRATOR、PHOTOSHOP）

3.DREAM WEAVER

主修科目：設計概論、創作基礎、色彩學、服裝插畫、服裝設計、
服裝構成製作

自修科目：國際禮儀、廣告戲劇配音、商用英語、企業診斷、策略
管理個案研討、公司治理、廣告學、資料處理、實用投
資與致富、人際關係與兩性溝通、現代設計史

五、個人特質

1.能妥善規劃工作目標，釐定各階段目標，督促自己不斷進步。

2.擅於思考及邏輯判斷分析，積極有效率安排行事順序及步驟。

3.能多方溝通協調，與師長及同學互動良好，並能協助中英文雙向翻
譯。

六、在校經歷

實踐大學第93學年度進修部國際標準舞社社長

實踐大學第95學年度進修部服裝設計學系服務股長

實踐大學第96學年度進修部服裝設計學系畢業委員會總務、模特兒
彩妝師

實踐大學第97學年度服裝系畢業展模特兒走秀教練、國際交流義工
接待組

七、校外經歷

中華民國青年救國團服裝設計繪畫講師
中華民國水上救生協會1092期救生員、救生教練、學齡前游泳教練
中華民國紅十字會救生員、急救員

八、工作展望

以努力不懈的態度來增長自己的智識，以追求完美的態度來面對工作，希望能得到　貴公司的青睞。

九、自傳

台北人，家庭成員五人，父親、母親、兩位哥哥與我。身為長女，自小養成細心體貼的個性。父親是台北市政府退休公務員，母親是家庭主婦，兩位哥哥均已成家立業。

高職期間曾獲得校內春暉插畫比賽第二名，畢業後即踏入職場，工作四年後自認所學不足，考取實踐大學進修部服裝設計學系繼續深造。

曾有餐廳服務生、救生員、救生教練等經歷，磨練出不斷上進及不畏艱苦的個性，瞭解與人溝通的奧妙。大一下學期開始至本校媒體傳達設計學系（為時兩年）協助系上比賽及國際研討會相關事務。鍛鍊更多工作能力，繼而轉換於服裝設計學系服飾博物館任職。協助參展整理規劃、展物搬遷，並與資管系合作架構服飾博物館資料庫網頁。並運用所學在中華青年救國團擔任服裝繪畫講師，為時一年。

大學畢業後陸續擔任行政助理、領隊、導遊、服飾店長等工作。最近的工作為保德信人壽的壽險顧問，為時一年，在銷售領域上增進更多經驗。

各行各業都能讓我拓展視野，並接受更多訊息刺激。我以一顆奮鬥不懈的心向　貴公司自我推薦，希望能夠加入一同努力。

二、面試原則

面試前一定要對應試公司有深入認識，包括經營理念、產品項目、產業現況、資本額、員工人數以及董事長與總經理的背景等。若沒有「做功課」，會因不瞭解問題背景而不能適切回答。

面試時下列原則非常重要（歸納自陳芬蘭譯，1995，頁153-156）：

(一)準時

準時代表多重意義，如：守信、尊重、效率、自律、可靠、穩定、合作等。遲到則顯得匆匆忙忙，面試官對你的印象已難以改變，就算能接受你遲到的理由，也因你趕時間而無法氣定神閒、從容不迫，不易有最佳表現。

(二)禮貌

從面對應徵公司的接待人員開始，態度就要親切有禮，因為他們可能是你日後的同事。遇見面試官要先打招呼，用詞正式、態度恭敬，面試官示意你坐下才能坐。

面試後不論獲得工作與否，都要找一封質感好的信箋，若錄取就寫一封真摯的長信表達謝意，並保證盡全力達成工作任務；未錄取也應寫一封表達遺憾的短信，並感謝面試官給你面試的機會或曾經考慮過錄用你。這部分是大多數求職者忽略的禮節，其實不該省略。

(三)得體的回答

面試時先傾聽面試官怎麼說，弄清楚問題是什麼，這比你急於表達自己的意念來得重要。千萬別告訴面試官：「我不知道自己來這個公司要做什麼？」甚至提議他來告訴你。面試官沒時間向你簡報，也不會勸你接

受這份工作。他期望的是一個對工作有高度熱忱的人,能以各種工作經驗來證明自己的勤奮認真,更重要的是表達對公司未來發展的高度關切。

(四)適切的服裝儀容

充分瞭解應徵工作的性質,選擇適切的服飾;總之,穿著打扮不能太隨性,以中性裝扮、色彩沉穩為佳。

(五)備妥相關證件或書面資料

包括自己的相關文件,以及為了瞭解應徵行業或機構而研讀的重要資料。多帶幾份履歷表,以免臨時有其他用途。

三、面試要避免的事

應徵面試時,要避免下列情況發生:

1. 過於表現或拙於表現:拙於表現使面試官無從評分,過於表現則讓人覺得你自我膨脹、自吹自擂。自信及自誇往往一線之隔,跨越就可能使人反感而失去機會。

2. 負面情緒的表現:如果工作非你所預期,別表現出失望的態度,之後仍要漂亮應答。

3. 直接拒絕某些工作條件:若公司問你是否願意接受調職、外派、出差等,即使你沒準備好,仍應聽完工作內容,不要立刻「斬釘截鐵」表示只願做某種工作或不喜歡到外地出差。若有疑慮而公司也願意給你時間想想,考慮也不可太久。

4. 批評前一個工作:如果因負面狀況而離職,簡單陳述事實即可,別企圖獲取面試官的同情而抱怨,破壞別人對你的印象。不僅不該批評前一個公司,而且要強調對前一份工作心存敬意與謝意。

5.閒聊而忘記正事：即使面談的氣氛愉快，也不要只著顧閒聊；要直接表明你要這份工作的意願，不能顯得優柔寡斷。

面試的大忌與地雷

求職面試忌諱的「地雷」依序有：無故爽約或遲到、不停批評前公司、一問三不知、父母或親友陪同面試、只關心薪資福利卻不關心工作內容、沒有準備（對應徵企業與職務一無所知）、打扮隨便／不修邊幅等。

履歷表的問題則包括：內容未更新／錯誤連篇、太簡短／隨便、敘述冗長沒重點。

企業在意的是求職者對工作尊重及已準備好的態度，面試爽約對企業人資造成極大困擾。面試遲到或早到超過十五分鐘，同樣造成面試主管工作排程的困擾。面試邀約就是企業對求職者的第一印象，第一印象不好，後續合作的機會大大降低。要將面試當作「第一次約會」來準備，以謹慎的態度應對，必能彌補經驗不足的瑕疵。

另外，「主動投遞履歷後，打電話不接」、「發通知信都不回覆」、「多次更改面試時間」、「錄取卻不報到，找不到人」等，都會讓你被列入「拒絕往來戶」。

服儀方面應以「乾淨整潔」為首要，不需過度裝扮、突顯個人特色，應著重於職場工作表現，強化自己的可塑性。可先瞭解應試產業的特質，參考企業制服、員工穿著，以適合辦公場域的服儀。若無從得知產業或企業對服儀的偏好，則以保守穩建為佳，一樣能展現對工作及面試官的尊重。

履歷照是公司對你的第一印象，有些人上傳的照片讓主管看了直搖頭，包括：用手機自拍、過度修圖、全身生活照、裝可愛的表情、以卡通或玩偶圖取代個人照。自傳不要套用既定範本，看不出個人特色、優勢與強項，內容缺少對工作的想法，或只描寫成長與求學背景卻無關乎工作。

面試官若問：「你對公司有什麼疑問嗎？」時，可別亂問：「能準時下班嗎？」、「薪水可以再多一點嗎？」、「年終獎金、分紅大概多少？」、「多久調薪一次啊？」，或問面試官的私人事情，這些都是面試的大忌。

四、面試預演

要依據面試常問的題目先行充分準備及演練，如（黃玲媚等譯，2007，頁393）：

1. 學校方面：為什麼選擇就讀的大學、科系？學生時代參加過哪些社團？在校成績是否反映你的能力？如何支付唸大學的費用？
2. 個人方面：你的嗜好為何？舉一個在壓力下工作的例子，詳細描述一個當領導人的例子。主要的強項與弱點？生命中影響你最深的人或事？曾做過哪些凸顯你創造力的事？
3. 職位方面：你對公司的瞭解？你有什麼資格或能力為公司效勞？在什麼情況下願意改變工作地點？如果由你負責招募員工，最主要的考量是什麼？你還想再學哪方面的技能？

「有備無患」、「凡事豫則立，不豫則廢」，千萬不要自視過高，掉以輕心，結果因小失大。不論服裝、履歷資料或面試回答，都要以「彩排」的心情多多預演，機會永遠留給準備好的人。

看看別人，想想自己

給學弟妹們在面試上的關心與期許

台科大電子系　許翔輝

　　關於面試，很多人都以為求職前幾個月再準備即可，但我認為面試的準備應融入平常生活中。很多人會說他不喜歡做業務，寧願在辦公室做行政，或發揮自己的科技強項當個工程師。殊不知日常生活處處可見業務行為，向老師請假是業務的一種，說服父母多給零用金也是業務。求職時說服面試官用合理的薪資將你「買下」，難道不是業務？

　　良好的溝通技巧和自我行銷，不是面試前可以「臨時抱佛腳」的事。平時與人溝通，就應常常練習「說服」。我曾經對面試很恐懼，當年選擇台科電子系原因之一就是不需要面試。

　　在大學接觸了幾個需要與人溝通的工作後，我開始喜歡用溝通來行銷自己。寒暑假我會故意投幾份履歷表到不是那麼有興趣工作，只為了獲得面試機會來自我練習，以下分享幾個面試技。

一、瞭解應徵的公司、職位以及自己的優勢

(一)公司的主力產品及商業模式

　　主力產品是必考題，瞭解商業模式之外，還要知道自己所應徵的職位在這個模式中負責哪個部分？需要具備什麼特質或能力？才能說服面試官相信你能勝任。

(二)競爭對手與其比較

面試官常會將公司與競爭對手做比較,包括詢問面試者為什麼選擇本公司而非對手,或是請面試者分析兩家公司的未來競爭力。

許多人會在履歷或面試中說出自己的強項與優勢,但卻以同一套腳本面對不同公司。我認為應依照應徵職位需要的特質、能力,提出自己的相關學習經驗或證照。

我建議列出自己的三點優勢,因為面試時一定會有「為什麼我們一定要用你?」、「你認為你自己的強項在哪裡?」、「你認為你跟競爭者相比有什麼樣的優勢?」這類問題。

談強項時應有實例與數據支持,不論是社團或實習經驗。面試官不想知道你多厲害或你會什麼,只想知道你能幫助公司什麼?所以講完自己的強項與優勢後,應該順勢告訴主管這份強項與特質能帶來什麼生產力。

二、準備話題、掌握面試的主導權

面試的結果可由當時的氣氛、時間長短大致判斷,如果面試時死氣沉沉,最後面試官丟出一句「今天面試就先到這邊」,結果肯定不太樂觀。反之,如果每位面試官都欲罷不能的想多瞭解你,恨不得多點時間問你,而你的答案也能讓面試的氣氛不那麼僵硬,就會在面試官心中留下好印象,比別人勝出的機會更多。

具體該怎麼做呢?大家會在面試前將西裝燙好,儀容整理好、化好妝,但卻不知道應準備「話題」。若你永遠被動等待面試官發問,就無法掌握面試的主導權。雖然你無法決定面試官問什麼,但可以把握每次發言機會引起面試官的興趣;甚至主動向面試官提問,引起一段愉快的討論。

所以，面試前準備討論的話題是件很重要的事。可以是主管對該職位的期待、該產業的未來展望、對某些時事的看法，甚至是你對公司的疑問。不要將面試場合當成法庭，自己是受質詢、攻擊的嫌疑人。要當成可以表現自己又能跟觀眾互動的舞台，如此一來，不但能夠主導整個面試過程，也可以讓自己心情愉悅。

三、設想各種可能的問題

這招我稱之為「挖洞給面試官跳」，面試官能問的問題大部分從面試者的履歷、經歷或回答問題的內容延伸。因此只要你用心準備，是非常容易預測的。若準備了自覺滿意的答案，面試官卻沒有問到，也可以利用相關問題時當作補充。

四、回答問題前，停頓三秒鐘

大部分的人即使在面試前做好萬全準備，也會因緊張而大打折扣。我會在面試的題目問了之後，停頓三秒再回答。這三秒當中可微笑地看著面試官，也可低頭沉思或將問題複誦一遍。馬上回答的人通常連問題隱藏的意涵都沒弄清楚，就急著脫口而出，這往往不是最佳答案。停頓三秒鐘想想「問題背景」、「面試官想聽什麼」，別急著回答。

五、條列式的回答技巧

任何問題都要以條列式回答，即使能一次回答，也要拆成至少兩個答案，例如「第一……，第二……」。條列式讓面試官認為你是一個邏輯清晰、有歸納能力的人，聽起來較有自信。另外是，當你嘴上說著第一點的，心裡可以默默整理第二點，甚至是第三點。有自信的將這三點逐步說完，而不要想到什麼才講什麼。

六、眼神接觸（Eye Contact）與自信

眼神接觸這點非常重要，不但可以讓你看來更有信心，回答問題時也不會有心虛的感覺。面試官的經驗豐富，如果你有一絲猶豫或眼神飄移，他們絕對感受得到。

「眼神接觸」這個習慣不是一時半刻能夠養成，日常生活中和別人講話，就該注視對方的眼睛，不要隨意將眼神移開。

面試時的自信除了來自萬全準備，也來自對自我的認同。多數人將面試當成被質詢，但我認為面試是一個勞資雙方平等的交易。雖然在面試官面前要表現適當的尊重和禮儀，但並不是「上對下」的關係，如此才能以平等的姿態和面試官討論。

活動 8-3

你有過幾次正式或模擬的面試經驗？知道自己哪些地方需要修正？請列出三至五項。

1.

2.

3.

4.

5.

Chapter **9**

職業倫理的意義與價值

- 🦋 第一節　職業倫理的意涵
- 🦋 第二節　職業倫理的範圍
- 🦋 第三節　違反職業倫理的行為

問題如何解決？

　　小凱很擔心大學時期沒有打工經驗（因為父母不贊成），進入職場會不會在應對進退上表現不恰當、不成熟。若不贊成老闆的觀點或討厭某位不講理的顧客，只能委屈自己或壓抑真正想法，不能直接表達嗎？自己會不會在無意間得罪別人、讓人留下不好印象卻渾然不覺呢？小凱向智銘學長請教：「如何避免這些問題發生？」有三年專職工作經驗的學長建議他：

1. 注意職場禮儀：看到長官時要主動打招呼，千萬不要假裝沒看見甚至刻意避開。長官走過來找你時，要趕快從座位上站起，不要讓長官站著跟你說話。雖然長官可能因此不高興卻不會說出來，但對你的印象就可能打折扣。隨時注意說話、行進、搭電梯、同桌、共餐等職場禮貌，從這些小地方都可看出你是否做到尊重與關懷別人。

2. 多為團隊著想：討論如何分工時，不要一直說自己不能配合、不喜歡或不願意做哪些事，不要急著爭取自己想做的事（通常也是別人想要的「輕鬆事」）。這樣別人會覺得你很自私，日後不喜歡與你合作。

　　從大學階段起就要開始注意與長輩（學長、老師）互動的禮貌，小組分工時要注意別人的反應與感受。要學習接受批評、虛心受教，以及察言觀色、立即行動等。長大以後就不能再活在「倍受呵護」、「有我無人」的世界裡，要培養良好的應對態度與溝通習慣。

第一節　職業倫理的意涵

　　「倫理」是人際互動的規範，能善盡各種角色的本分，就是「倫理」。儒家思想的五倫「君臣也，父子也，夫婦也，昆弟也，朋友之交也：五者，天下之達道也。」（《中庸·第二十章》）包括血緣關係、朋友、家庭及工作的人際互動規範，如：「父慈、子孝、兄良、弟弟、夫義、婦聽、長惠、幼順、君仁、臣忠十者，謂之人義。」（《禮記·禮運篇》）

　　聖嚴法師提倡「心六倫」運動（2006年），「心」是指良心，「六倫」是指家庭倫理、生活倫理、校園倫理、自然倫理、職場倫理、族群倫理。以職場倫理來說，聖嚴法師認為職場是今日社會的產物，過去家庭式、家族式的產業已轉變為集團式、群體式的生產機構。職場關係分為投資者、員工與顧客三方面，健全的職場倫理是任何一方都要盡心盡力完成工作，創造企業利潤，以最好的產品回饋給社會大眾。職場倫理是一種相互關心、互助合作的關係，如果每個人都無私奉獻、克盡本分，工作就會非常順暢愉快。如果計較、攻擊、批判，力量就會分散、抵消。不重視職場倫理的人不容易找到穩定的工作，因為他們一到新的職場就把職場關係弄得很複雜。

一、職場倫理的定義

　　「職場倫理」包含忠誠、敬業、注意人際關係等三部分，具體做法如下（王淑俐，2013，頁177-179）：

　　1.維護受僱企業（機構）之良好形象：任何員工的言行舉止都代表團隊，所以要謹慎維護企業（機構）形象，做好「公共關係」。

2.遵守企業（機構）規範、服從領導：尊重領導者的職權，主動做
  事、不要怕多做事，這才是主管的得力助手及企業（機構）願意栽
  培的人才。

3.多尊重及請教前輩：放低身段、低調，讓別人願意提醒及指導我
  們，才能避免不必要的犯錯，或因盲目摸索而走了冤枉路。

4.樂於配合及協助同事：不要嫉妒同事，不要孤芳自賞，不要斤斤計
  較，不要推卸責任。每天都為自己也為工作夥伴加油，分享工作樂
  趣。

5.懂得自我檢討及認錯：失敗或犯錯並不可恥，能夠自我反省、勇於
  承擔責任，才能在錯誤中記取教訓、求取進步。

二、工作態度的升級

潤泰集團總裁尹衍樑說（周啟東、黃玉禎，2009）：

對待我的同仁，我不怕他們犯錯，只怕他們不去嘗試！假如為
了做對而做了錯的事情，我還有獎勵；我只怕他們態度不好，
不怕他們做錯。

工作態度就像電腦更新，必須因應時代趨勢而「升級」。布里吉斯
（Bridges, W.）在《新工作潮》（張美惠譯，1995，頁56-63）一書指出，
20世紀末以後，職業不再是「一個蘿蔔一個坑」的固定型態，企業從傳
統的職位劃分轉變為「完成任務」的彈性結構。傳統的工作規則是：每
個員工固定在垂直系統的一個「點」對特定的人負責，擔任特定性質的
工作，有明文規定的職責範圍。新工作觀卻是「成果取向」及「職位虛
化」，是「做事」而非「坐位子」。新工作規則是：

1.每個人都因工作需要而存在，員工必須證明自己對企業的價值。

2.每個人都要有「自營事業」的觀念，擬定個人的事業發展、保險及退休的長程計畫。

3.要快速投入新的計畫，能與學養、心態各異的人共同合作。

4.要在無固定職責劃分的情況下，同時進行多項業務。

員工需要讀寫、計算、電腦等基本技能外，還必須具備下列能力（張美惠譯，1995，頁181-182）：

1.自我經營的能力：包括時間管理、目標設定、溝通、會計基礎、企劃、基本的行政管理。

2.找工作的能力：

(1)瞭解自己的特質：自己的夢想與擅長的地方？何種情況下表現最佳？哪些條件比別人優勢？

(2)將組織內外的任何環境視為市場，要預知新需求，並瞭解潛在顧客對此新需求的看法。

(3)評估目前及未來的對手，發展出滿足新需求的產品，不斷、主動改善產品的品質。

要能「自我經營」及具備「找工作的能力」，意謂著能夠「自我創業」。不是指創辦新的公司，而是自我負責，如《別當打卡的豬》一書所說（孫曉卿譯，1999，頁41-54）：

1.注意力應放在「機會」而非「安全感」：真正的安全感來自內在，也就是知道如何掌握、創造與落實機會。

2.「商品」比「專業知識」重要：學位只是獲取工作機會的一個條件，還有許多地方要學習，尤其是「販售」技巧。

3.焦點應在「成果」而非一成不變的「過程」：不僅要「正確的

做」，更要「做正確的事」。

4. 集中心力於如何「獲利」而非「獲得薪水」：所以一定要提高「銷售量」，降低「管理成本」。

5. 嘗試「新觀念」而非「避免犯錯」：不要怕犯錯，勇於嘗試任何可能改善事業的新點子。

6. 著重「長遠目標」而非「短期利益」：要能清楚勾勒十年後自己希望達成的狀況，並以此為努力的目標。

因此，符合時代趨勢的新工作觀是：

1. 化「被動」為「主動」：不要被動等待上司來分配工作，或被動等待顧客自己上門；而要主動表現自己的工作能力，主動出擊以贏得客戶。

2. 化「依賴」為「自立」：不依賴公司或上司為你規劃一切，要把自己當成「自營商」做好公司「發包」的工作，還要規劃自己的職涯發展，包括進修、保險、退休等。

3. 化「保障」為「價值」：不要認為一旦受聘，公司就該給你完全的職位保障、升遷以及退休。自己的表現才是真正的保障，要向公司證明你的價值，不僅盡本分（具有複合式能力）還能創新（開發新產品）。

4. 化「過程」為「結果」：不是工作盡力就表示對得起上司、應該獲得薪水，而是以獲得利益及成果，作為工作效能的指標。「賣力」工作卻常叫苦連天，別人不但不會同情你，還會覺得你「沒有能力」。

5. 化「穩定」為「冒險」：不要以為工作熟練就可以一成不變，甚至誤以為工作枯燥、沒有樂趣。其實工作本身仍有許多挑戰及問題，勇於冒險、迎向困難，一定可以獲得更大成就感，提升個人的競爭

力。

6.化「短期」為「長期」：不管一份工作能做多久，還是要有長期計畫與目標，才不至於「閃跳」（閃人及跳槽）。結果愈換愈糟，沒有累積工作經驗及能量。

7.化「受人重用」為「自我肯定」：以往的工作成就都以升遷為指標，而今應以自我肯定為核心。著眼於工作貢獻及自我滿足，而非外在的收入、福利。

也許你已在學校工讀或曾在超商、咖啡連鎖店、速食店、大賣場等打工，「好像」已進入就業市場，但臨時工與專職在工作心態及承擔責任上均不同。需要更開闊的視野及用心領悟，調整自己的就業觀念及態度，才能做好就業的準備。

英業達公司副董事長溫世仁發現，在「供過於求」的時代，經營企業及個人的策略應改為（溫世仁，2004，頁76-86）：

1.適當規模，就是能從事最大活動的最小規模。因為，太瘦沒有競爭力，太胖跑不動。

2.瞭解市場比針對競爭對手更重要，因為真正要注意的是產業的宏觀、大局。

3.從最終顧客的需求出發，這是指真正購買及使用產品的顧客，而非銷售的通路。

4.創造最終顧客的新需求是唯一的獲利機會，也就是要以創新需求來帶領顧客，不能一成不變。

5.以最快速度滿足最終顧客的需求。例如24小時服務，就能立即滿足顧客需求。

溫世仁提出「最後一哩計畫」（2004，頁162-163），建議大專院校要與企業聯結，使畢業生不是「半成品」，而能馬上為企業所用。大學

固然不是職業訓練所，但仍應配合社會與科技發展，培養未來能用的人才。

　　台灣人力市場已呈「供過於求」現象，所以大學一方面要依溫世仁「最後一哩計畫」，培養學生成為立即可用的人才，更要有溫世仁因應職業環境改變的眼光及行動，充分瞭解「最終顧客」的需求，提供最快速的改革，才不會被市場所淘汰。

　　台灣的大學畢業生平均起薪約26,000元，多數企業主不願支付更高薪水以留住好人才，甚至寧願「遇缺不補」。雖然不可思議，卻是應該預先瞭解的「事實」。但不要因此灰心、無奈，而是要更努力及設法突破。

現在的你，還覺得大學畢業馬上就可以就業嗎？對於工作態度的新趨勢，你已準備好了嗎？

第二節　職業倫理的範圍

　　職場上應遵守的倫理規範為何？如何培養正確的職場人際行為與習慣？

一、企業倫理的內容

　　劉原超等（2006，頁3-8）認為，企業倫理的內容包括：

　　1.人事倫理：人際之間相處融洽，企業才會發展成功。

2.人事管理：健全及合理的人事制度，如：職掌、考績、獎懲、調動、訓練。

3.專業倫理：

  (1)傳承倫理：企業相承、師徒倫理、前輩教導後輩。

  (2)關懷倫理：同事間相互關懷、工作福利與保障。

  (3)利益倫理：合法、合理、合乎道德的利益追求。

  (4)合作倫理：以人為中心、以事為基礎、以共同利益為目標。

  (5)團隊倫理：成員均為團隊的一份子，雖個別站在自己的崗位上，但必須有施行方法及倫理來規範，才不會群龍無首。

4.產品倫理：指產品安全，不能有黑心產品。

5.專業經理人倫理：指一個企業領導人或主管的倫理，包括：不嫉妒人才、不迴避過錯、當仁不讓、功成不居。

由上可見，企業倫埋包括制度運作，尤其是人事管理。若無健全及合理的制度且公平、貫徹的執行，企業倫理可能淪為空談。近年來食安或黑心商品問題，可見相關政策及執行上需要改進之處。進入職場後，若發現公司有類似違企業倫理的行為，應舉發並且離職，以免害人害己。

二、勞資關係的倫理議題

吳松齡（2007，頁104）將勞資關係的倫理議題，分為兩個層面，包括：

(一)資方

1.對員工的「雇主倫理」：雇主須確保工作環境的安全與衛生，有符合勞動法令規章的工作條件。注意員工的照顧與福利、職務的安置，維護員工的人格權等。

2.對其他企業的「同業倫理」：同業間不能惡意中傷、套取業務機密，不能不當挖角或仿冒對方商品、商標。

3.對顧客的「售後服務倫理」：不得有不實廣告、不合格商品、不當哄抬價格，以及舉辦與商品相關的有害活動等。

(二)勞方

1.對資方的「工作倫理」：員工不得洩漏或竊取業務機密，工作時不得偷懶或怠工，不可竊取企業商品或資產，要服從企業組織或管理人的領導等。

2.對其他員工的「同事倫理」：同事間不得有不實指控或告密，不得阻撓同事升遷或調職，不得將本分工作推給同事，不得與同事相處不睦，甚至爭執、鬥毆。

3.對顧客的「服務倫理」：不得對顧客要求的服務拒絕或規避，不能對顧客不禮貌或施暴，不得對顧客鄙視，不得加害或欺騙顧客等。

與顧客衝突的處理

遇見不講理的客人，可採「以其人之道治其人之身」的方式處理嗎？若對客人不禮貌，甚至有言語或肢體暴力時，後果為何？

遇到與顧客衝突，需要先聆聽，才會知道問題出在哪裡。如果顧客抱怨新買的衣服褪色，若回答：「這種衣服我們已經賣出好多件了，第一次有人這麼說。」或說：「深色衣服剛開始都會褪色，有常識的人應該知道。」這會讓顧客火冒三丈，不如誠懇地詢問：「你希望我們如何處理這件衣服？」顧客可能原本打算退貨，把這間店列為不再踏入的黑名單，但聽完上述的話，也許會決定再給那間店一次機會。

　　大部分的人面對爭執，通常急於打斷別人，把自己想說的趕快說出來，以便說服他人。這樣的溝通並不好，因為對方絕對沒有心思注意你說什麼。我們不同意對方觀點時，更需要將嘴巴閉上，耐心、敞開心胸地傾聽，鼓勵對方把想法完整表達出來。面對充滿憤怒的談話者，要保持緘默，認真且耐心地傾聽完再給回饋，才能聽見真正的問題，進而化解衝突。

　　客訴處理，就是要處理「生氣的陌生人」。因此店員要明白顧客抱怨的對象並不一定是針對自己，不要立即被挑起情緒。不是每個客訴都是來找麻煩，服務人員不該把所有客訴都想成「奧客」，而是抱持正面的態度，共同解決問題，將抱怨轉化成信任。

　　每一個客訴背後都代表著店面經營的議題，比方說客人抱怨店員態度不佳，或許表示店內的培訓制度有問題，或是員工對店內的認同度不夠。只是處理個別顧客的問題是不夠的，更重要的是追蹤問題的根源，並澈底預防相同的情形再次發生。

　　惹惱客人的「方法」之一是對顧客說：「我幫你找其他部門處理。」因為他好不容易找上你，你卻表示要讓其他人處理。這個「其他」部門是誰？聽起來就像敷衍。最簡單的解決方式是讓第一線人員成為客訴處理的「單一窗口」。即使遇到無法親身處理的問題，也要清楚告知顧客轉介給哪個部門，以及自身的聯絡方式。

　　店長應該扮演的角色是優質服務的示範者與帶領者，要挺身處理客戶抱怨的問題，讓員工從旁學習。如此一來要是店長不在，也不會沒人知道該如何處理。客訴處理是化危機為轉機，甚至帶來更多商機。

三、社會新鮮人職業倫理之培養

對初踏入職場的社會新鮮人來說，培養職業倫理可從下列方向進行：

1. 個人品格與道德：如同不可酒後開車、超速、隨意超車及變換車道、不保持行車距離（逼車）等違反「駕駛道德」的行為，會嚴重危害無辜的生命及造成財產損失。職業倫理也是如此，絕不能發生會危害相關人權益與身心健康的行為。
2. 工作倫理：是指敬業態度，對工作成果或品質負責。專業人士都將自己提供的「服務」視同「產品」，特別注意「產品倫理」。
3. 人事倫理：與工作同仁及客戶和諧相處與合作，包含「專業倫理」與「專業經理人倫理」。
4. 服務倫理：不僅直接面對顧客的良好態度，也包括產品售後服務。不論顧客是否想到，服務時都要將顧客的利益與需求納入考慮。

不少組織訂定「專業倫理準則」，如教師、醫師、律師、心理師、建築師、會計師等，也包括違反專業倫理的處罰，嚴重時可能停業、取消執業資格。

現在你對「職業倫理」在工作中的重要性，有了哪些不同的理解及深入感受？

第三節　違反職業倫理的行為

哪些行為算違反職業倫理？違反會受到哪些心理及實質制裁？

企業或機構明令若干倫理守則，最常被懲處的「違反職業倫理行為」如下（莊立民編譯，2006）：

1. 利益衝突。
2. 接受禮物、小費、娛樂。
3. 洩漏公司私有的資訊。
4. 接受禮品、款待、娛樂。
5. 職場歧視。
6. 職場性騷擾。
7. 收受回扣。
8. 員工竊盜。
9. 不合理使用公司資產。
10. 濫用職權謀取個人私利。

 ## 看看別人，想想自己

某旅行社承攬某國中畢業旅行時，23歲的男導遊（擔任班輔導員）竟然在女生住宿房間內聊天到半夜兩點，並趁女生熟睡時用被單蓋住逞其獸慾。此導遊不當運用職務違反職業道德的行為也已觸犯法律——誘拐未成年少女。

有一家五口從事網拍工作，成交達三百多件，被評為優良比率九成

九的良好賣家，但事實上他們的貨品是從屈臣氏竊取而來。由於母親積欠千萬債務，所以慫恿丈夫及三名成年女兒（分別為25、24、22歲）偷竊，再銷贓謀利，屈臣氏估計損失逾70萬元。在拍賣網站上，他們強調「比其他賣家更便宜，不信可比價」，與屈臣氏廣告如出一轍！

以「職場歧視與性騷擾」來說，依《性騷擾防治法》（民國94年公布，民國98年修正公布）定義，「性騷擾」係指性侵害犯罪以外，對他人實施違反其意願而與性或性別有關之行為，且有下列情形之一者：

1.以該他人順服或拒絕該行為，作為其獲得、喪失或減損與工作、教育、訓練、服務、計畫、活動有關權益之條件。

2.以展示或播送文字、圖畫、聲音、影像或其他物品之方式，或以歧視、侮辱之言行，或以他法，而有損害他人人格尊嚴，或造成使人心生畏怖、感受敵意或冒犯之情境，或不當影響其工作、教育、訓練、服務、計畫、活動或正常生活之進行。（第2條）

相關的申訴、調查、教育、懲處之規定如下：

「機關、部隊、學校、機構或僱用人，應防治性騷擾行為之發生。於知悉有性騷擾之情形時，應採取立即有效之糾正及補救措施。」（第7條）

「前條所定機關、部隊、學校、機構或僱用人應定期舉辦或鼓勵所屬人員參與防治性騷擾之相關教育訓練。」（第8條）

「性騷擾事件被害人除可依相關法律請求協助外，並得於事件發生後一年內，向加害人所屬機關、部隊、學校、機構、僱用人或直轄市、縣（市）主管機關提出申訴。」（第13條）

「對於因教育、訓練、醫療、公務、業務、求職或其他相類關係受自己監督、照護之人，利用權勢或機會為性騷擾者，得加重科處罰鍰至二

分之一。」（第21條）

「意圖性騷擾，乘人不及抗拒而為親吻、擁抱或觸摸其臀部、胸部或其他身體隱私處之行為者，處二年以下有期徒刑、拘役或科或併科新臺幣十萬元以下罰金。前項之罪，須告訴乃論。」（第25條）

有關性騷擾與性侵犯防制的教育，當然不是到了職場才要學習，在學期間即有《性別平等教育法》（民國93年公布，民國107年修正）規定「學校不得因學生之性別、性別特質、性別認同或性傾向而給予教學、活動、評量、獎懲、福利及服務上之差別待遇。」（第14條）

「國民中小學除應將性別平等教育融入課程外，每學期應實施性別平等教育相關課程或活動至少四小時。」（第17條）

「……發生疑似校園性侵害、性騷擾或性霸凌事件者，……應向學校及當地直轄市、縣（市）主管機關通報，至遲不得超過二十四小時。」（第21條）

職場上規定最詳盡者為《性別工作平等法》（民國91年公布，民國105年修正），「雇主對求職者或受僱者之招募、甄試、進用、分發、配置、考績或陞遷等，不得因性別或性傾向而有差別待遇。但工作性質僅適合特定性別者，不在此限。」（第7條）

其他如舉辦或提供教育、訓練或其他類似活動、舉辦或提供各項福利措施、薪資之給付、退休、資遣、離職及解僱等，均不得因性別或性傾向而有差別待遇。也不得規定或事先約定受僱者有結婚、懷孕、分娩或育兒之情事時，應行離職或留職停薪；不得以其為解僱之理由。（詳細條文內容參看第11條）

對於女性哺乳及育兒方面規定：「子女未滿二歲須受僱者親自哺（集）乳者，除規定之休息時間外，雇主應每日另給哺（集）乳時間六十分鐘。受僱者於每日正常工作時間以外之延長工作時間達一小時以上者，雇主應給予哺（集）乳時間三十分鐘。前二項哺（集）乳時間，視為

工作時間。」（第18條）

　　「受僱於僱用三十人以上雇主之受僱者，為撫育未滿三歲子女，得向雇主請求為下列二款事項之一：

　　一、每天減少工作時間一小時；減少之工作時間，不得請求報酬。

　　二、調整工作時間。」（第19條）

　　「受僱者於其家庭成員預防接種、發生嚴重之疾病或其他重大事故須親自照顧時，得請家庭照顧假；其請假日數併入事假計算，全年以七日為限。」（第20條）

　　有些違反職業倫理的行為看來不太明顯，甚至不少人這麼做。例如（參考自陳芬蘭譯，1995，頁126-128）：

一、缺乏敬業精神

　　這部分的確很籠統，一段時間之後才會影響團體效能與目標。如：

1. 對工作不夠用心，只求交差了事。雖有能力卻不願意付出，未真正將事情做好。有時還故意做不好，以示自己不想配合。
2. 無法坦白交代自己的行蹤，包括上班經常遲到或隨意請假，以致影響工作進度。
3. 不參加重要會議及活動，不肯協助或分擔同事的工作。不關心同事，不關心公司整體發展，破壞團隊的和諧氣氛。

二、公私不分

　　把公司的資源及時間據為己有，造成公司金錢及人力的損失，破壞組織紀律。如：

1.用公司的郵票寄送私人信件。

2.利用公務車處理私人事情。

3.用公司電話打私人電話。

4.利用公司的傳真機或影印機進行私人事務。

5.利用上班時間處理私人事務。

6.將辦公室用品拿給家人使用。

三、欺騙行為

為了自己的利益而投機、說謊及犯罪的行為，如：

1.假造不符個人資歷的履歷表，故意省略表現不佳的工作史、添加未曾有過的工作經歷、偽造學歷等。

2.面談時過度自我誇耀，將別人的工作績效說成自己的。為了謀職成功，做出不實的承諾。輕易跳槽，故意忽略當時的約定。

3.弄壞某項物品後，因不願意賠償而不承認是自己弄壞的。

4.做錯了某件事情後，為了保護自己的形象與職位，故意將責任推給別人或隱匿不報。當然，協助同事隱匿錯誤也是欺騙的行為。

5.未知會顧客的情況下，以舊零件或劣質品取代新零件及優質品。

6.為了成交，謊稱公司產品或服務有哪些優異性質。

7.財務數字上做假，使它們看起來對自己有利。

四、徇私、貪汙

也就是種種公私不分、以私害公、假公濟私的行為，如：

1.因人情關係或有人容易受你控制，而僱用不合資格的人。

2.明知某員工患有毒癮或有其他不適任狀況，卻為他掩飾。

3.僱用某人為你工作，卻未向上級報告。

4.向競爭者洩漏公司機密，以謀取個人利益。

5.接受貴重禮物之利益輸送。

6.謊報差旅費，申請不實的健康或意外保險支付等。

五、搬弄是非

不能「嚴以律己，寬以待人」，成為辦公室的「麻煩製造者」，造成不當的辦公室文化。如：

1.與他人討論敏感的業務機密。

2.洩漏他人的個人隱私。

3.惡意中傷比你升遷得更快的人。

4.背後批評上司、同事、客戶，傳播不實言論或謠言。

5.竊取他人的功勞，據為己有。

提升職業倫理除了靠「自清」、「自律」之外，也需要健全的人事管理制度，以及企業的優良的典範與傳統。

對於上述竊用工作上的財產與時間等種種「不明顯」違反職業倫理的行為，你的看法如何？

Chapter 10

工作的道德戒律與品格修養

問題如何解決？

筱雲看見別人有成就，心裡總是百味雜陳，既羨慕又自卑；再次證明自己不夠聰明、外表不引人注目、沒有特殊才能、家世背景普通，是那種別人不會多看一眼的平凡人，再怎麼努力都不會有傑出表現！

尤其在現今經濟不景氣、高失業率的情況下，筱雲更感到無力與無奈。她想：「我有可能成為優秀的人嗎？我憑什麼能被別人賞識、重用呢？」

大多數人渴望成功，卻忘了「萬丈高樓平地起」的基本功夫。沒有人可以「一步登天」，若要歡笑豐收，必得先流淚播種。任何收穫都要從眼前的努力開始，「一步一腳印」固然辛苦，卻也最有可能到達目的地。

自卑與抱怨等負面心態只會消耗自己寶貴的能量，工作時要先主動積極、盡心盡力「做好」手上的工作，不要「好高騖遠」。

相反地，自負的人也會阻礙成長，因為無論多麼能幹，「強中自有強中手」、「一山還比一山高」，沒有人是萬能的，個人的力量永遠不及團隊合作。所以，不要「單打獨鬥」（孤芳自賞），要懂得「截長補短」，與不同才華的人共同工作。

第一節　工作人的品德管理

高希均在《企業全面品德管理》（羅耀宗等譯，2004）一書的引言中說，「倫理」（ethics）是指：

1.從道德觀點來做「對」與「錯」的判斷。

2.人際之間的一種是非行為的準則。

3.符合社會公認的一種正確行為與舉止。

台積電前董事長張忠謀表示，企業整體及個別員工的品格與道德，才是企業經營的首要。用人的首要條件是品格與才能，而不是靠關係，好的道德等於好的生意。對於台積電來說，企業經營必須秉持大的「高度商業道德」包括：

1.說真話。

2.不誇張，不作秀。

3.對客戶一旦做出承諾，就不計代價、全力以赴。

4.對同業在合法範圍內全力競爭，絕不惡意中傷，尊重智慧財產權。

5.對供應商以客觀、清廉、公正的態度，進行挑選及合作。

6.絕不拿回扣，否則開除並起訴。

7.公司內部絕不容許貪汙，不容許派系或小圈圈。

從台積電的企業倫理（business ethics）來看，第1至第3條是「與客戶關係」，要誠實不欺、實實在在、負責守信。第4條是「與同業關係」，要公平競爭、尊重守法。第5、6條是「與供應商關係」，要清廉不貪、公正公開。第7條是「與同事關係」，要一視同仁、和諧合作，絕不能結黨營私。

如孔子所說：「君子中和而不黨同。」反之，「小人黨同而不中和。」（「君子和而不同，小人同而不和。」《論語‧子路篇》）。以及「與人交往一視同仁、公平對待，不可偏心、徇私、阿諛附和。」（「君子周而不比，小人比而不周。」《論語‧為政篇》）

　　理律法律事務所負責人陳長文在《企業全面品德管理》（羅耀宗等譯，2004）一書序文中說：

> 理律曾遭內部一位資深同仁侵盜客戶款項近新台幣30億元，讓理律受到嚴重的打擊。這也立即成了許多管理學院教授「危機管理」的必修個案，但不如拿來當「品德管理」的個案。這次事件中，理律面臨了一種矛盾的挑戰與考驗。一方面，理律因為「個人品德」有瑕疵的員工遭遇了空前的危機；但另一方面，理律卻又因為長期堅持「企業品德」，得到社會各界及受害客戶的「信任」而安度這個危機。

　　陳長文發現，企業也許會敗給一個品德有瑕疵的員工，但也會因整體企業的高品德形象而反敗為勝。

　　鴻海集團負責人郭台銘強調「信任」對企業生存的重要，他提出經營者的「信任五角大廈」（詳參狄英等，2005）：

1. 員工對公司的信任：領導人要以身作則、公私分明、言行一致，才能贏得員工對公司的信任。
2. 股東對公司的信任：股東要對獨立董事信任，以及信任公司經營不做假帳、不違法、不做非內行之事。
3. 客戶對公司的信任：公司的產品、活動及服務，務必講究品質、服務與具備成本競爭力，使客戶安心。
4. 策略夥伴對公司的信任：對策略夥伴在其最困難時給予協助，才能與之建立長期的夥伴關係。

5.社會對公司的信任：企業一定要做到守法、誠實繳稅、幫助弱勢團體等，真誠的盡到社會責任，才能贏得社會對企業的信任。

郭台銘認為，所有信任都建基於禁得起考驗的「品德表現」，例如：以身作則、公私分明、言行一致、不做假帳、不違法、夥伴困難時給予協助、講究品質、守法、誠實繳稅、幫助弱勢團體等。

奇異公司前執行長威爾許（Jack Welch）認為，有些適用於所有行業的「核心素質」，如（改寫自《聯合報》，A12，2007/5/14）：

1.真誠的赤子之心：不欺騙、抓住機會、奮力不懈、開懷大笑、關懷別人。
2.同時能充滿自信又謙抑待人，也就是必須足夠成熟。
3.能與不同的團隊合作，並點燃團結的熱忱。
4.高承載彈性：能從失敗中學習並重新出發。
5.見微知著的能力：具有洞觀市場變化的能力，查知對手思路與客戶最終需求的敏感度。

核心素質的前三項：不欺騙他人、謙抑待人、團隊合作，都屬於道德行為。威爾許認為衡量員工的標準有二：一為業績，一為如何展現公司價值觀。「價值觀」是一個崇高卻模糊的字眼，真正的意思是誠信、公正等道德行為。威爾許依「業績」與「價值觀」兩個標準，組合出四種類型的員工（改寫自《聯合報》，A12，2006/11/13）：

1.業績好且有良好價值觀：這類員工最好管理，只需鼓勵與栽培他。
2.業績不好，行為也差勁：這類員工要立刻趕出公司。
3.業績不好但行事都遵照公司要求：這類員工可以再給他一次機會。
4.業績亮眼，但不把公司價值觀當一回事：這類員工要不是個性刻薄、行為鬼祟，要不就是傲慢自大、前倨後恭。主管雖訓斥他們，

但多半沒有幫助,對他們來說,主管的訓斥不痛不癢。整頓之道為把趕人的理由──違反公司價值觀──公告周知,把握機會替其他員工做機會教育。

不過,威爾許很感慨:沒有任何組織能趕光所有爛人,有時是因為這些爛人的業績實在好到不行,有時是因為這些爛人的偽裝技術太好。但不能停止驅趕他們,不能讓「老鼠屎」壞了一鍋粥。

巴菲特(Buffett, W.)聘僱的三條件:誠信、才智、工作幹勁,若無誠信,第二、三條件也毫無用處。誠信的特質是(曾明鈺譯,2004):

1.小事也不能馬虎:絕不因小事而說謊或欺騙。

2.看得很明白(當其他人還一頭霧水):為了做正確的決定,情願放慢腳步、多做考慮。

3.自己搞砸自己扛:不論好、壞消息都不能隱瞞,要承認失敗、願意認錯並改善補救。

4.創立信任文化:需要清楚公司的原則,以及知道若不遵循會受到什麼處分。

5.信守承諾:說到做到、值得信賴。

6.關心更大利益:關心你的公司、公司的產品與服務、工作夥伴。

7.誠實但要謙遜:無需宣告自己的誠實,只要付諸行動。

8.時刻都不能鬆懈:以身作則,隨時覺得自己的言行被人注意。

9.僱用誠信:要僱用正直敢言、有個人誠信感的人。

10.堅持全局:以時間來證明自己始終如一。

由上述國內外企業領袖提出的職業倫理(work ethics)可見,有下列共通性:

1.品格或道德是企業及員工的核心素質。

2.核心品格為誠實不欺、不貪汙、關懷、守信、負責、尊重、公正、團隊合作等。

3.品格或道德必須內外一致、始終如一，才能贏得所有人的信任。

4.即使業績很好，品格或道德不佳（不把公司的價值觀當一回事）仍應開除。並公告周知，以示公司維護高度道德的決心。

企業能否成功，不僅在達到高績效的員工，更在於員工是否具備值得信任的品格與道德，否則對團體仍有莫大的危害。1985年聯合國教科文組織召開「21世紀研討會」特別提出：「道德、倫理、價值觀的挑戰，是21世紀人類面臨的首要挑戰。」1992年，國際「品格教育聯盟」會議推出「品格的六大支柱」（six pillars of character）為：尊重、責任、公平、值得信賴、關懷、公民責任，是現代公民應培養的基礎品格。

以道德標準而言，「義」有「宜」的意義，所以孔子期勉君子追求利潤，應多思考「合不合宜、適不適當」（「君子喻於義，小人喻於利。」《論語・里仁篇》）。若只為滿足個人欲望而不顧慮行為合不合宜、適不適當，必然招來別人的怨恨（「放於利而行，多怨。」〈里仁篇〉）。反之，只要是正正當當的營利，別人也不會覺得你不該獲利（「義然後取，人不厭其取。」〈憲問篇〉）。

錢財、富貴應「取之有道」，否則就分文不取（「富與貴，是人之所欲也，不以其道得之，不處也。」〈里仁篇〉）「不義之財」不能讓人心安理得，遠不及粗茶淡飯、安貧樂道的生活（「飯疏食飲水，曲肱而枕之，樂亦在其中矣。不義而富且貴，於我如浮雲。」〈述而篇〉）追求利潤與品格道德之間並不衝突，孫震所著《理當如此——企業永續經營之道》一書說（2004，頁39）：

做生意而講倫理不是為了賺錢，而是為了不賺不義之財。在符合倫理的原則下賺錢，可同時促進社會公益。因為財富來源不是取諸他人，而

是創造了新增的經濟價值,並與他人分享。

但,荀子「人性本惡」的觀點認為,人們需要倫理道德的約束,以免爭權奪利而使社會大亂(「人之性惡,其善者偽也。今人之性,生而有好利焉;順是,故爭奪生而辭讓亡焉。」《荀子・性惡篇》)

柯維(Covey, S. R.)所著《第八個習慣》一書說(殷文譯,2005,頁74-76):

> 當良知指導著願景、自律和熱情的時候,領導是持久的,能將世界變得更美好。例如:華盛頓、甘地、柴契爾夫人、德雷莎修女。如果願景、自律和熱情缺乏良知或道德權威,也能改變世界,但世界不會變得更美好,反而會毀滅;例如:希特勒。

報載(陳靜宜,2013),鼎泰豐的高薪眾所周知,平均每人的底薪有台幣七萬元以上,加上紅利等績效獎金,年薪近兩百萬元。不過想要這樣的年薪可不簡單,鼎泰豐的展店速度較保守,要當上店長可能要付出最少七年、最多十幾年的歲月。

鼎泰豐的外場採階級制,從實習生、專員、高級專員、副組長、組長、副主任、主任、見習副理、副理,一步步升遷,才能當上經理(店長)。實習生除了外場服務,還要每天抄寫公司語錄,包括「小心燙口」、「請現金結帳」等應客對話,中、英文一句各二十次。笑容也是規定之一,而且要「真正的笑容」。由於服務是跟客人近距離接觸,所以「口氣」也會被「關照」,要學習正確刷牙、使用牙線。鼎泰豐非常注意員工平時的表現,包括遲到早退、客訴處理是否得宜、外語能力等。

報載(黃文彥,2013),醫學系雖是不少學生與家長的首選,但台大醫學院院長陳明豐提醒,醫師從早上七點到晚上十點都待在醫院,「如果沒有照顧病患的心,並不適合。」現在醫院朝向大型化發展,再加上健保制度、病患意識提高,都讓醫師工作面臨挑戰,醫師愈來愈像企業

內被管理的員工。陳明豐說，「比起分數，熱忱恐怕更為重要。」這是想報考醫學系的學子，要先好好自問的事。

公司對員工的期待，除了工作能力，尚有工作態度。工作態度可區分為三個層次，即誠實（honesty）、可靠（fidelity）與忠心（loyalty）（引自孫震，頁104）：

1.誠實的人不說謊、不偷竊、不欺騙。
2.可靠是信守承諾，不計代價，不畏艱難，說過就一定做到。
3.忠心是視公司的利益優於其他。

工作態度比工作能力更為重要，因為能力可以學習，態度不佳卻往往沒有「自知之明」。小地方隨便久了，就養成了壞習慣，形成不良的態度。

德性教育或品格教育

從前大家說「德育」，但近年教育部改說「品德教育」或「品格教育」。筆者一向認為「德育」一詞並無任何不妥，應該沿用，何況是《國民教育法》上的法定名詞。若要說得清楚些，則用「德性教育」更佳。

孔子說：「有德者必有言，有言者不必有德。仁者必有勇，勇者不必有仁。」曾子說：「士不可不弘毅，任重而道遠。」

筆者認為各種優良德性宜歸為三大綱領──「一觀」（人生觀）、「二德」（修己德、待人德）與「三道」（為學道、行事道、贊天道），可據以整理各項德目。 進一步說：我們應教育大眾有奮發、持義、恢弘、泰然的人生觀。修己要誠信、恆毅、戒慎、中和；待人要忠恕、寬仁、和而不同、群而不黨。為學當實事、明理、勤勉、審慎；行事當公正、敬事、果敢、穩健；對待天地當惜物、保育、利用、厚生。

今日台灣青少年的德性教育出了問題，主要的原因是缺乏人生方向的

指引，沒有奮鬥的目標，乃至耽於逸樂或自卑自棄。二十年來的「教育改革」強調「以生活為中心」、「快樂學習」、「創新」、「多元」、「適性揚才」等等，刻意忽視德育，乃至在整個教育界裡德性式微，實危害不淺。

我們應當及時醒悟。前面已說過，人生觀最為重要；德性的前提應是正確人生觀的建立，德性的養成則需要經常的反省與經久的磨鍊。筆者認為，重新提倡中華固有優良文化，又增益其現代的內涵，允為適當的救藥。

資料出處：摘自劉源俊（2015）。〈為現代德性教育訂綱領〉。《台灣教育評論月刊》，4（1），頁91-93。

進行某個行業的「近距離觀察」，找出成功與失敗的行業，在「工作態度」上的區別。

🦋 第二節　職場上超基本的品格與道德

95學年度台大畢業典禮，校長李嗣涔提醒畢業生（2007年6月2日）：

態度決定你未來的高度，要謙虛、敬業、不諉過、守時、處處為人著想。

以「敬業」來說，有些人剛開始工作時具有高度熱忱，過了半年、一年（或更快），就抱怨工作太多而消極以對，使上司及工作夥伴均感困擾。亞都麗緻總裁嚴長壽在〈給社會新鮮人的10封信〉專欄說（《聯合報》，A4，2008/6/24）：

> 我已很少親自面試員工，但如果今天由我面試，我挑人最基本的條件就是「熱忱」。至於學歷、經歷，那只是個參考。有些充滿理想的人，進入服務業後，隱藏的嬌貴面就跑出來了。接待第一個、第二個客人時一切OK，但等到第兩百個客人時，就沒耐心了。

孔子讚美顏回：「其心三月不違仁」，「三」代表「久」。顏回能做到長時間不背離仁道，與其他弟子對照更顯難能可貴。一般人是「日月至焉而已矣」，只能短時間或偶爾做到仁道。

敬業不僅是把工作做完，更要把工作做好，尤其遇到大家都想推掉的工作時。不可能每一樣工作都很輕鬆，要以正向角度思考，將困難當作幸運、啟發及歷練，「好事多磨」、「不經一番寒徹骨，哪得梅花撲鼻香？」若稍遇困難就以為天大災難，一直抱怨、逃避、退縮，不僅耽誤工作，也會因挫敗感而減損自信心。

孟子說：「有為者，譬若掘井，掘井九仞而不及泉，猶為棄井也。」（《孟子·盡心篇上》）半途而廢是意志不堅定的通病，能克服怕苦怕難的人性弱點，才算是有熱忱及敬業的好員工。

以「守時」來說，要求自己比會議或預定時間至少提早十分鐘。若自覺可能遲到，應趕緊與對方聯繫以取得諒解或改期（最好不要隨便「毀約」，以免破壞個人信用）。超過約定時間，一定要致上最深的歉意，不要找理由或自我辯護，更不可以為遲到沒有關係。不守時是不尊重別人的行為，應及早革除，不能「一錯再錯」！

　　李嗣涔所說的「態度」（attitude）屬於「道德智商」（Moral Intelligence，簡稱MQ）範圍，是指「明辨是非」的能力，須依據個人的判斷力形成。美國國家教育獎得主蜜雪兒·玻芭（Michele Borba），在《MQ百分百——開發道德智商完全手冊》一書中（安艾譯，2004，頁25）指出，道德智商由七項基本美德建構而成，即：

1. 同理心：對他人所在乎的人、事、物能夠感同身受。
2. 良知：知道正確而適當的行事方式且付諸行動。
3. 自制力：控制自己的思想和行為以抵擋內、外在壓力，並依所知正確的方式行事。
4. 尊重：藉由謙恭且體貼的方式對待別人，顯示出你珍視他人。
5. 仁慈：以實際行動關懷他人之福利及感受。
6. 包容力：尊重所有人之尊嚴及權利，即便是和我們不同信念及行為的人。
7. 公正感：願意保持開放的心胸，並以公平、正義的方式行事。

　　以「仁慈」來說，李家同有篇文章〈太陽下山，回頭看〉（2007），文中以第一人稱描述他到敘利亞南部鄉下，探訪「小燈教堂」的故事。那兒是以耶穌在世時使用的語言——阿拉美語來做彌撒的教堂。為什麼叫「小燈教堂」？原來兩千年來，教堂一直維持整夜點著燈的傳統。教堂內有幅壁畫，畫著耶穌背著十字架往前走，一個小男孩淚流滿面地拉著耶穌的衣服說：

「耶穌不要走，你走了以後，誰會照顧我們窮小孩子？」
「太陽下山，回頭看。」耶穌說。

　　這句話的意思是世界上一定有其他善良的人，會繼續做著耶穌所做的事。耶穌對人性有信心，相信人會像「小燈」一樣，即使力量微弱，仍

給人帶來光和熱，使人不迷失與徬徨。

　　除了仁慈，還需要「尊重」。李家同有一次為全國菁英高中生以「人類面臨的重大問題」做專題演講時，談到印度有許多人在垃圾堆中找食物，看到廟裡的猴子有食物，就去向猴子要東西吃。此語一出，台下高中生一陣笑聲。李教授說（2008）：

> 不要對悲慘的事，笑得這麼開心；難道你們認為這是可笑的事，認為不值得談嗎？叫我怎麼講下去，是誰請我來的，是否找錯了人？我不是小丑，不是來愉悅大家的。我們國家總要有人告訴年輕人嚴肅的事，看見世界真相，不是只在台上唱歌跳舞。

　　許多成年人也做不到尊重，2008年馬紹爾總統到立法院演講時，記者報導台下立委出現不少失禮行為，如：遲到、早退、打電話、玩手機、聊天、睡覺等。

　　個人的行為本應符合道德標準，這有什麼困難？有篇短文〈老公寧願償錢〉，妻子說（改寫自《聯合報》，A12，2007/5/14）：

> 一個下雨天的晚上，一家人正要回家時，老公因倒車不慎，撞到巷子裡違規停放的另一輛車。他竟然等到車主來，向對方道歉，並賠償4,000元。一開始她覺得很難過，4,000元對家中的狀況，不是一筆小錢，而且對方又不知道是誰撞了他的車。但仔細想想也就釋然了，因為：「老公撞到別人的車子，明明有充裕的時間離去，卻留下來面對自己的錯誤，很令我佩服，也給孩子一個很好的榜樣。」

　　這種獲得妻子、兒女敬佩的男人，在職場也應該會贏得上司、同仁及客戶的尊敬。

不論受僱於機構的專職人員，或部分時間的兼職人員，工作上都要遵循下列倫理道德：

1. 保護業務機密：養成好習慣，不隨意談論工作業務機密。無論別人如何詢問（有意無意），不該說的一個字也不能說。竊取受僱或受委託機構之業務機密，將企業商品或資產轉為私人利益，均嚴重違反工作倫理也涉及法律責任。

2. 表現該行業所需之形象及品質：極力維護受僱或受委託企業（機構）之良好形象，注意自己在任何時機、與任何人互動的表現。尤其是穿著公司制服或代表公司出席會議，更要愛護團隊榮譽，為企業做好「公共關係」，例如：建立人際關係、熱心提供協助、笑容可掬等。

3. 建立勤奮、負責、熱忱的個人印象：自重自律，絕不趁機偷懶或怠工。不怕苦、不計較，保持情緒穩定。有禮貌及親切（有耐心），表現高度工作熱忱。對於交辦或委託之事，以積極的心態、快樂的心情完成。聯電榮譽副董事長宣明智，在〈給社會新鮮人的10封信〉專欄（2008）說：

   在（工研院）電子所五年，我換過十一間辦公室、九個職位，凡有新任務或出狀況的部門我都去過，學會了很多事情，後來就到聯電。年輕人不要斤斤計較，老闆給多少我做多少，要 open-minded（心態開放）、虛心受教。一個人成不成材，最大的責任是自己。

4. 服從企業組織或管理人的領導：一定要遵守受僱或受委託企業的規範，尊重領導者的職權。除了盡到身為幕僚或受託者應有的責任、表現應有的角色扮演外，還要主動做事。唯有不嫌麻煩、不怕吃苦或吃虧，才是主管得力的助手。職場人際關係不能選擇，而且會隨時更換。遇到新上司的領導風格與前任不同時，為了達成任務，要

學習與各類型人士相處、共事。工作中最大的挫敗來自無法好好溝通，這會造成莫大的損失，如：對工作不滿意、心情不好、影響團隊績效，也會傷及個人身心健康與生活品質。

5.為客戶著想、如期完成所託：為顧客服務，保持專業態度；積極回應客戶要求，儘速處理客戶抱怨、完成顧客託付。還要能為客戶設想，主動提供服務。具備有效率的工作方式，才能事半功倍、如期完成。對於不會做或不熟悉的業務，應主動請教或參加相關研習、學習新知，以免延誤進度。時間管理的技巧是非常重要的工作能力，也是個人競爭力強弱的表徵。

6.團隊合作精神：要融入團隊，與人和諧相處，並有效的溝通協調。需要與人搭檔時能共同合作，以任務達成為最高原則。意見不合時，不可逃避或不幫對方的忙，要有效協商、解決衝突。多為受僱或受聘機構著想，達成團隊目標，不可半途而廢。

李開復（2006b，頁86-87）說，不同時代需要不一樣的人才。21世紀要求的是更全面、更豐富的人才。僅有能力及勤奮是不夠的，還要融合下列七種特質，即：融會貫通、創新實踐、跨領域融合、溝通合作、熱愛工作、積極樂觀、三商皆高〔高智商（IQ）、高情商（EQ）、高靈商（Spiritual Quotient, SQ）〕。

看看別人，想想自己

鄭衍基（阿基師）曾與大學生分享「職場六不」（鄭語謙，2011）：不要功高震主、才大欺主、權高壓主，也不要妒忌、比較、計較，這當中包含好深的人生體驗。阿基師說，年輕人偶爾在職場上受委屈

沒有什麼不好，學會裝傻也不錯。即使你的能力、學歷比老闆高，依然要謙卑。因為還有許多不懂、不會的地方，需要別人教導。

世界麵包大賽冠軍吳寶春十分好學（吳寶春、劉永毅，2010），他不斷從商業、管理、勵志、文學等書籍汲取成長的力量。對於做麵包的專業知能亦然，當世界各地的麵包師傅到台灣舉辦講習會時，即使學費不便宜，他也捨得自我投資。

每年他都會去日本好多次，跟各國師傅學習做各式麵包。學習時一定丟掉所有成見，沒有任何想法，只是完全接受、吸收，並一五一十的拍照、記錄。練習時也完全模仿，若有任何細節不夠到位，就反覆練習、不斷重複，未掌握精髓之前絕不停止。

對李嗣涔校長所說：「你的態度決定你未來的高度，要謙虛、敬業、不諉過、守時、處處為人著想。」你的看法為何？

第三節　「禮」即「理」──職場禮儀

清朝康熙年間的秀才李毓秀，採用《論語・學而篇》第六條：「弟子入則孝，出則弟，謹而信，汎愛眾，而親仁，行有餘力，則以學文。」編纂成《訓蒙文》，列出為人子弟在家、出外、待人接物、求學等的禮儀與規範。清朝賈存仁修訂後，名為《弟子規》，有不少地方仍值得

「文明人」與「工作人」參考。

一、入則孝

> 父母呼　應勿緩　父母命　行勿懶
> 父母教　須敬聽　父母責　須順承

【釋義】

父母呼喚，應及時回答；父母交代之事，要立刻去做。父母教導做人處事的道理，應該恭敬聆聽。父母責備教誨，應虛心接受。

【應用】

在家能養成這樣的好習慣，在職場與主管等長輩相處時也會如此。不僅有助於職場人際互動，更因你的虛心而能得到別人的賞識，使人願意傾囊相授與提拔你。

二、出則弟

> 長者立　幼勿坐　長者坐　命乃坐
> 尊長前　聲要低　低不聞　卻非宜
> 進必趨　退必遲　問起對　視勿移

【釋義】

長輩站立時，晚輩也應站立，不可自行就坐。長輩坐定以後，吩咐晚輩坐下時才可坐下。與尊長交談時，聲音要柔和適中，回答的音量不可太小。有事到尊長面前應快步走，退回去時須稍慢些。長輩問話應專注聆聽，不可東張西望、左顧右盼。

【應用】

多半人不喜歡與長輩相處，因為不能過於隨性。但若不學習正確的態度，日後見到長輩或長官會更手足無措而失禮。若因自己不在乎禮儀而「沒大沒小」，也會造成不必要的困擾甚至損失。年長者有許多寶貴經驗及智慧可以傳遞，若懂得與長者相處，對於兩個世代來說均是「贏家」。

三、謹

冠必正　紐必結　襪與履　俱緊切
置冠服　有定位　勿亂頓　致汙穢

【釋】

注重服裝儀容的整齊清潔，帽子戴端正，衣服要扣好，襪子穿平整，鞋帶應繫緊，一切穿著以穩重端莊為宜。回家後將衣、帽、鞋子都要放定位，避免造成髒亂、無秩序。

【應用】

嚴謹的態度可由服裝儀容及物品放置看得出來，然而現代父母由於太寵愛孩子而凡事代勞，誤用了尊重而不敢干涉孩子的服裝及房間布置。以致孩子去到職場，因辦公室紊亂而令人困擾。不僅會損及工作效率（例如找不到重要物品及文件），也會影響自己及工作夥伴的心情（例如把東西堆放到別人的位置上）。

四、信

凡出言　信為先　詐與妄　奚可焉
話說多　不如少　惟其是　勿佞巧
奸巧語　穢汙詞　市井氣　切戒之

【釋義】

說話以誠信為先，要遵守承諾。沒有能力做到的事不隨便答應，更不能欺騙或花言巧語。話多不如話少，話少不如話好。該說就說，不該說就絕對不說。談話內容要實事求是，不可說得好聽卻靠不住。奸詐取巧的語言、下流骯髒的話以及粗俗的口氣，一定要避免。

【應用】

說話不僅在於技巧，更要誠信；也就是說到做到，不可誇大不實、存心不良，也就是不誠實、不可信。「君子重然諾」、「君子恥其言過其實」，絕不亂說話，包括奸詐、汙穢、粗俗的言語。若學識、能力很強卻「亂說話」，就不具備「誠信」的條件。

五、汎愛眾

己有能　勿自私　人所能　勿輕訾
勿諂富　勿驕貧　勿厭故　勿喜新
人不閒　勿事攪　人不安　勿話擾

【釋義】

有能力服務眾人時不要自私自利、捨不得付出，對於他人的才華不要批評、嫉妒、毀謗。不要討好巴結富有的人，不要在窮人面前驕傲自大。不要喜新厭舊，不要打擾正在忙碌的人。當別人心情不好、身心欠安時，不要閒言閒語的干擾他，增加他的煩惱。

【應用】

孫中山先生提倡有能力的人，愈要為更多人服務。但有些人卻不肯耐心教導別人，反而嘲笑別人。對於比他好的人不能虛心求教，還有意無意阻撓、打擊對方。對於別人的「同理心」很弱，不僅不關心、不幫

助,反而說「風涼話」,增添別人的苦悶。

六、親仁

同是人	類不齊	流俗眾	仁者希
果仁者	人多畏	言不諱	色不媚
能親仁	無限好	德日進	過日少
不親仁	無限害	小人進	百事壞

【釋義】

同樣是人,其實善惡或心智高低都不一樣。跟著潮流走的俗人多,仁慈博愛的人很少。如果仁德的人出現,大家自然敬畏他,因為他說話公正無私,又不討好他人。如果能親近有仁德的人,真是再好不過,因為他會使我們的德行一天天進步,過錯跟著減少。如果不肯親近仁人君子,就有無窮的禍害,小人會趁虛而入,導致整個人生失敗。

【應用】

「見賢思齊,見不賢而內自省」,如果人人都能尊重賢德,「重德」過於「重才」,社會風氣必然良善。不會讓小人趁虛而入、顛倒是非,擾亂道德判斷的標準。從小在家庭及學校教育,就要建立是非判斷的能力,有了穩固的道德標準才不致輕易受小人擺布。

七、餘力學文

不力行	但學文	長浮華	成何人
但力行	不學文	任己見	昧理真

【釋義】

不能力行孝、弟、謹、信、汎愛眾、親仁等本分的人，縱然學富五車，也只增長浮華不實的習氣，讀書又有何用？但如果一味做事而不肯讀書學習，也可能依著偏見而蒙蔽了真理。

【應用】

讀書與品德必須相輔相成，僅有其一無法擁有正確的行為。空有學識會變得浮華不實、口惠而實不至，空有道德則可能食古不化、自以為是。我國因升學考試引導教學，以考取明星學校為成功象徵，忽略了「品格教育」，這是需要導正的地方。《弟子規》某些地方可為生活教育與家庭教育的重要參考，使孩子進入社會工作後，自然表現應守的分際，不致粗魯無禮。

看看別人，想想自己

曾獲「全美最佳教師獎」的隆‧克拉克（Ron Clark）發現，許多應由家裡教導做人處事的基本道理，往往付之闕如。於是他整理五十五條「超基本」行為（The Essential 55），當作班級經營的「班規」。克拉克老師的用心，使他成為唯一被美國總統接見三次的小學老師。在此列出《優秀是教出來的》（諶攸文、侯秀琴譯，2004）一書若干「超基本」禮貌，供自我檢核之用。如：

1.與人互動，眼睛要看著對方的眼睛。

2.尊重別人的發言與想法。

3.自己有什麼好表現不要炫耀，輸給別人也不要生氣。

4.打噴嚏、咳嗽，都要說對不起。

5.接到獎品或禮物，不可以嫌棄。

6.以完整的句子回答所有的問題。

7.老師指定作業時不可叫苦。

8.不可於上課中途起身倒茶水。

9.在校內的公用場所不要幫要好的同學占位子。

10.吃完飯，自己的垃圾自己處理。

11.別人掉了東西，請彎身去幫他撿。

12.進門時如果後面還有人，請幫他扶住門。

13.別人碰撞到你，不管你有沒有錯都要說對不起。

14.進行校外教學時，無論到哪一個公共場所都要安安靜靜。

15.一趟校外教學結束，要謝謝所有隨行的老師和家長。

八、其他禮儀

進入職場，還有哪些超基本的禮貌呢？

(一)一般社交禮儀

走在斜前左方引導，步伐不能太快，要幫忙長輩或長官「拿重物」。

與長官、來賓、客戶同行，要走在他們的左後方，適時伸出右手扶持長輩。隨時告知前進方向，以手勢提醒前方要左轉或右轉。

上樓梯時要走在長輩的左後方，以便適時伸出右手扶持。下樓梯時要走在長輩的右前方，以便長者若有需要可伸出右手依靠你，或讓長輩走在靠近樓梯扶手的位置。

進出電梯應讓長輩「先進」及「先出」，站在電梯按鈕前方時要主

動詢問及協助別人按樓層。

其他社交活動的禮儀如下：

■ 約會守時

如果沒有養成準時赴約的好習慣，時間來不及了才匆匆出門，不僅容易遲到，別人也可能因為生氣或耽誤他的工作，而不再與你往來（不再光臨或不與你做生意）。

■ 遞送名片的禮貌

為方便讓人看到名片內容，要給人看正面。接受名片時，則要先仔細看完名片內容，不要念錯別人的名字，或問名片上已有答案的問題。最重要的是，不要把別人的名片隨手放在桌上，使名片弄髒或掉落，讓別人誤以為你不尊重他。

■ 要記住別人的名字

交換名片後，要稱呼別人職銜且加上姓氏。若能訓練自己記住別人的名字，會使對方覺得受到重視、關心，更利於雙方互動。這需要「做功課」，包括整理名片及經常聯繫。

■ 握手的禮貌

男士、下屬、晚輩等不能搶著與女士、上司、長輩握手，要等到他們伸手了才能迎上前去，且不要握得太緊或太久。

■ 得體的態度

公司的任何成員都代表整體，要謹言慎行，包括：有禮貌的措辭及態度、主動與人打招呼、保持笑容、眼神專注、不打斷別人說話、虛心求教、誠心感謝別人的協助等。要注重職場的穿著及裝扮，且應適合自己的年齡及身分。

(二)電話禮貌與溝通效能

有了電子信函及手機簡訊、line之後，人們愈來愈「懶得」打電話，人際之間藉著「聲音」互動的機會幾乎消失！其實電話溝通較電子信函及手機通訊軟體更有效率與效果，基本的電話禮貌如下：

■打電話時

1.選擇對方合適的時間，清晰有條理且完整的說明來電事項（先做摘記、備妥文件與紙筆），須重述某些重點以避免產生錯誤。

2.先報上自己的單位及姓名，確定接聽者身分後再次報上自己的單位及姓名。

3.通話途中不要對著話筒打哈欠或吃東西，也不要與其他人閒聊。

4.結束通話前需禮貌寒暄，例如：請多多幫忙、真謝謝您、很抱歉打擾您，且等對方先掛上電話。

5.如果對方不在，留言須簡要清晰，個人單位及姓名切勿忘記。留言一次即可，不要一再催促。反之，聽到留言時應儘快回電。

■接電話時

1.鈴響三至五聲內儘快接聽，拿起電話先報上單位名稱及問好。若聽不清楚對方的姓名，一定要問清楚。

2.千萬不要剛接了電話，立刻就請對方等待而做別的事。如果無暇接聽，可向對方說：「很抱歉，過幾分鐘我再打電話和你聯絡。」若中途斷線，則由打電話的一方重撥。

(三)網路禮貌與溝通效能

電子信件也要符合一般信件的禮貌，包括開頭的敬稱、問候語，以及結尾的署名。若有附加檔，則應將檔案內容及目的簡要說明。若是重要或緊急事情，除了電子信函外，還要以其他的方式溝通及查核，以免誤事。

　　若以電子通訊方式處理公務，每半天至少收訊一次，要儘快回覆。若有進一步動作，也要告知對方預定完成的期限，直到事情完全結束為止。過程中應輔以電話溝通，透過聲音及對話，可增添親切感與溝通速度。

　　將「禮貌」融入日常生活中，成為個人的特質。其實禮貌的學習不如想像中困難，「禮」即「理」，任何「禮儀」都有「道理」可循。職場禮儀會影響工作成效，唯有養成好習慣才禁得起任何考驗，確保盡到職責。

 **活動 10-3**

對於年輕人而言，進退應對等待人接物的禮貌，是困難的事嗎？為什麼？

Chapter 11

人事倫理與服務倫理

問題如何解決？

　　小智還沒有進教室，就聽到阿龍的大嗓門在指揮命令別人。固然他是班長，但對待同學也不該一副主管的架勢吧！雖然感到無奈，但在學校遇到阿龍這種志趣不合或不喜歡的人，可以躲開、不必勉強互動。將來出社會了，可以拒絕討厭的上司、同事或不可理喻的顧客嗎？要怎麼強迫自己接近這些人呢？發生衝突該怎麼辦？

　　同學與同事都隸屬「同一團隊」的人，但難免話不投機、難以相處的狀況。嚴重時有人因為承受不了「被欺負」的壓力，而拒絕上學、罹患身心疾病。職場上應該更辛苦吧！要服從上司、聽從前輩、順從顧客，若一直自我壓抑，到底可以撐多久？小智決定把這些困擾一次向他佩服的媽媽——一名資深國中校長請教，媽媽說：

1. 要努力化解歧異、衝突：不論是勇敢地與對方直接溝通，或請求第三方居間協調。最後也許會發現你們之間只是誤解，結果「不打不相識」，反而成為好朋友。但若仍然溝通不良，為了大局著想還是要「就事論事」，可以「共事」但不必有「私交」，或先「忍辱負重」地承受誤解，找適當時機再設法改變他對你的印象。萬一發生衝突或對方情緒失控、口出惡言時，還是要冷靜及忍耐，不要立即「以牙還牙」、「以暴制暴」。「日久見人心」，終有化解歧見或自己想得開的一天。

2. 考慮離職：「良禽擇木而棲，賢臣擇主而事。」（出自《三國演義》）如果你已考慮清楚，覺得相處不睦的問題難以化解或目前的工作確實不適合自己，當然可以「理智的」離開，不必「螳臂擋車」地企圖改變大局。

　　但仍應「好聚好散」，留下好名聲給人打聽。千萬不可惡意缺席或以失蹤方式離職，影響團隊工作進行。「君子絕交，不出惡言」，對外或下一份工作面試時，絕不批評之前的主管、同事，仍應珍惜他們帶給你的成長，並把它貢獻給下一份工作。

　　「人際不合」在職場中頗為常見，能化解固然最好，因此離職也不算壞事。但不可一直停滯在負面情緒上，否則即使換了職場，人際問題依然繼續發生。

第一節　人事倫理與廣結善緣

　　對於職場新人，若能與同事和諧相處、得到上司及前輩欣賞、與顧客建立情誼，就可獲得更好的績效。可惜不少人缺乏察言觀色的能力與虛心討教的態度，難以放下身段（覺得「虛假」）而無法廣結善緣。

　　若想在職場上脫穎而出，一定要提升「同理心」的層次，努力學習與同事、上司及顧客不同的溝通技巧。

看看別人，想想自己

　　2006年，星雲大師在一次「管事與管人」的佛學講座上，主持人李紀珠問他：「公司中常有人能力強、績效好，但忽略團隊合作；也有人擅長溝通，績效卻不理想，該如何讓其各自發揮？」星雲大師回答：

　　公司不只這兩種人，還有好多好多種，信任、和諧很重要。有個小

故事，一戶人家打開大門，看到寒風中站著「富貴」、「和諧」、「財富」、「成功」四位老人，這戶人家就邀他們到家中喝茶暖身。財富老人說：「照規矩我們四人只有一人能到你家，你們要請誰進去？」這家人商量後決定請「和諧」老人進來。不料，一聽和諧進門，其他三位老人也跟著進來了。原來和諧走到哪裡，成功、財富、平安都跟著來。

當天談到年輕人的溝通能力時，星雲大師說：「現在年輕人一個很大的問題，就是不認錯；過去的人沒有道理就會認錯，現在的年輕人沒有道理也不認錯。」

一、和諧溝通的價值

年輕人「不認錯」真的很普遍嗎？會影響工作表現嗎？聯合人力網「職場」專欄說（陳健倫，2007）：

> 新世代的職場新鮮人夢想才華遠大，卻與職場實際表現扯不上關聯，稍受挫折即停滯不前，欠缺的是融入社會的一種學習的謙虛與應對進退。自視甚高往往無法與團隊合作，缺乏溝通的熱忱與技巧。處處碰釘子的情況下又自艾自憐，不能檢討自己。

人際相處的困難在於明知「冤冤相報何時了」，但就很難接納或原諒討厭的人。在學校討厭同學或老師「風險」較低，因為老師多半會原諒你，同學頂多不與你來往。職場上若人際不合，風險就很高。不喜歡老闆就必須另謀高就，老闆不會因你而改變。不喜歡客戶就做不成生意、沒有業績，不喜歡同事則大部分的工作難以順利進行，使得你工作時痛苦萬分，這是不少人離職的主因。

二、職場人際溝通的盲點

職場環境與家庭、學校不同，職場是正式場合，不能隨便或不拘小節。加上位階、資歷及組織文化的約束，進退不得體，會遭到誤解或指責。這些屬於家庭教養的範圍，現今因小家庭制度、少子化或獨生子女，缺少人際互動（包括解決紛爭）的練習。到職場看見高階主管的嚴肅臉龐即不知所措，遇到工作場合的聚餐會避開與主管同桌。

但下列不當的溝通行為，會造成職場人際關係的失敗。如：

1.好管閒事，以示自己優越。

2.獨善其身，分外之事絕對與己無關。

3.為所欲為，將自己的權責擴大。

4.自以為是，不顧慮同事的感受。

5.身體不適未及時治療，引起工作效率失常、無法與同事協調配合。

6.沉默孤僻，與人聊天時無興致、不回應。

以「獨善其身」來說，固然已做完自己分內的事，若不關心別人的工作進度，甚至在同事請求協助時拒絕；不僅影響團隊的成效與氣氛，也使被拒絕的同事日後不願支援你。職場上不但要僅守本分，還要關心同事，要經常詢問：「有什麼我可以幫忙？」同事一定會很高興你的「雪中送炭」。

對上司更要如此，若能主動詢問：「有什麼我可以做的？」或說：「這件事讓我來做，謝謝您給我學習的機會。」主管一定很高興你為他「分憂解勞」，主從關係將更為親密。

對顧客的態度就更重要了，顧客求助若你輕率回答：「我不知道！那不是我的工作。」就會影響客戶對公司的觀感，甚至無形中失去好客戶（反宣傳）。

　　D. Goleman提出「工作EQ」，即指如何與人共事的情緒管理能力，如：培養有益的人際關係（建立連結），能與他人合作以達共同目標（分工合作），創造團隊的相乘力量（團隊能力）。書中指出，團體得分高於最佳的個人得分；拙於社交的人，即使聰明也只是剛愎自用的拚命三郎。

三、如何看見自己的溝通盲點？

　　若有人際溝通的障礙，即使學歷再好、能力再強，也可能無法有良好的工作表現。看見溝通的問題並不難，但要承認原因出於自己，就需要足夠的反省能力。下列溝通盲點請自我評估：

1.不肯虛心接受別人的意見。

2.對顧客或上司表現不耐煩或不服氣。

3.獨來獨往、不願與人打交道，遇到別人需要協助時找藉口避開。

4.工作稍苦或負擔稍重，便容易心煩氣躁，將不悅表現在表情、口氣、動作，甚至以心情不佳而任意請假。

　　同理心的困難在於包容及瞭解別人，並準確探測上司、同事、顧客的心意與需求。如果敏感及接納度不足，就難以建立良好的人際關係。「包容」是指接納差異性，「瞭解」則須與團隊成員更多接觸、討論與協助。

四、職場中的溝通困難

　　達成任務的最大困難，不在於工作難度，而在於如何與人共同合作。若無法與人良好溝通（包括個性上較奇特的人），累積大量負面情緒後，對工作或個人均有不良影響。工作中的溝通困擾如下：

1.與上司或某些同事格格不入。

2.如何「不動氣」的協調不同意見？

3.位於上級與基層之間的中層主管，如何不變成夾心餅乾？

4.如何營造良好的溝通情境與氣氛，使團體成員和諧、友善互動？

5.以何種表情及聲音回應尖銳火爆的問題？

6.如何以婉轉方式表達較尖銳的議題？

7.感受不到尊重或發現對方自私、自我中心，該怎麼應對？

8.過於強調「講清楚，說明白」、不惜「正面衝突」的人，該怎麼應對？

9.我為人人，誰來為我？吃虧真是占便宜嗎？

10.覺得受到不公平對待，該怎麼辦？

體會職場人際相處的價值，覺察職場溝通的盲點，解決職場溝通的困難，就是職場「人事倫理」最重要的課題。

「如何看見自己的溝通盲點？」對你而言有否困難？看見盲點後，想要如何自我改造？

🦋 第二節　團隊合作與衝突管理

即使學業競爭的優勝者，也要知道工作時面對的是人而不是考卷。人的想法與感受沒有標準答案，所以你不會考100分，但有一些共通心理，如：人人都有「尊重」的需求，當你輕視別人時，對方也不會跟你好

好合作。更重要的是工作不能只靠「第一名」來完成，需要大家集思廣益、分工合作。

一、小組合作的必要與功效

大學階段有許多小組合作的機會，不少人覺得很痛苦，認為不如自己做，既快速又單純，因為（王淑俐，2008，頁158-159）：

1. 不習慣跟不熟的人一起工作。
2. 分配工作時很難使人人滿意。
3. 小組討論時有人總會遲到或缺席。
4. 總有人耽誤大家的進度。
5. 總有人的負擔過重。
6. 總有人想不勞而獲。
7. 總有人情緒管理欠佳而破壞團體氣氛。
8. 總有人對團體冷漠、疏離。
9. 總有人漠不關心、不在乎工作成果。

然而也有人體驗到團隊合作的功效，看到組員願意投入、積極參與的成果非常震撼！通常最辛苦的學到也最多，平坦的道路好走，但一下子就走完了，不會有太大的反思。

小組工作開始難免雜亂，前幾次的進度緩慢、離題。慢慢有點樣子後就可分配工作，遇到意見相左時能討論出共識，也能對自己負責的部分盡責。

二、團體中的「愛與隸屬」及「尊重」

馬斯洛（Maslow, A. H.）的「需求層次論」（need hierarchy theory），

將人類生存的內在動力由低至高分為七層，如：生理需求、安全需求、愛與隸屬需求、尊重需求、知的需求、美的需求、自我實現需求。前四層是「基本需求」（basic needs），後三者屬「衍生需求」（meta needs）。

　　與人際關係有關者為「愛與隸屬」及「尊重」，人是群居動物，希望隸屬團體而得到愛與尊重，反之則會覺得寂寞與自卑。但不是每個人都能如願，若想獲得「團結力量大」的成果，就要付出「代價」，包括：

1. 分組後要「及早」開始，不能一直偷懶、拖延，以免因時間不足而成果欠佳，最終互相責怪、不歡而散。成員要參與並尊重團隊決策，包括工作分配。要主動貢獻一己之長，不要被動等待別人交代工作，甚至閃躲分內的工作。

2. 意見不同或勞逸不均時要以溫和、尊重的態度提出，若團體的決議與自己的想法不同，要尊重多數人的決定，不能因個人負面情緒而與其他成員起爭執，甚至脫離團體、使團體分裂。這個「磨合過程」，是培養「團隊默契」的必經之路。

3. 瞭解別人在做什麼，學習配合別人。團體成員的相互搭配，個人的天賦才能「發光」。如果不願意讓步或奉獻一己之力，團體必然因缺乏凝聚力而潰散。

4. 需要別人協助時要主動且有禮的提出，團體成員固然應相互協助，但如果你需要其他成員支援時，仍可主動、有禮的與成員商量。不能「理所當然」的以為別人必然瞭解你，或埋怨團隊成員不關心你。

　　獨立作業固然可完全依照自己的意思進行，但工作成效有限。團隊合作開始時很麻煩，要調合分歧的意見、找到一致的方向。但上軌道之後，就漸能發揮團體動力，創造不可限量的成就。

三、逐步促成「團隊合作」

要提高「團隊合作」就得學習下列事項，如：

1. 以團體共識為核心：團隊精神是指減少個人意識，以團體共識為奮鬥目標。員工對企業有向心力，才樂意將熱情發揮在工作上。團體利益就是個人利益，個人不努力同時也會損傷團體的利益。
2. 多參與團體活動：不論是正式與非正式的活動，都要多多參與，與團隊成員有更多互動與瞭解。
3. 有效溝通協商：成員間意見不合要及早溝通協商，不要冷處理，或堅持己見而不顧其他成員的感受與想法。
4. 建立人脈：多與別人建立深厚交情且樂於幫助、支持別人，就能產生自己的人脈網絡。

四、人際衝突的預防

團體的人際衝突（interpersonal conflict）是可以預防的，方法不外平時建立良好的人際關係，多留意自己的態度，避免造成誤解。具體做法為：

1. 勤打招呼、問候及寒暄，這是人際相處的「基本功」。
2. 於公於私都要多關懷夥伴，樂意及熱心協助別人。
3. 誠實為上策，待人真誠、不敷衍。
4. 有信用、重承諾。

使用有禮貌的措辭，避免不必要的誤解，甚至無法彌補的傷害。要怎麼說話才能顯得優雅成熟呢？例如（連雪雅譯，2006，頁74-75）：

將「做不到！」改為「對不起！我真的無能為力。」

將「到那邊去吧！」改為「請移駕到那裡。」

將「不好意思，可以麻煩一下嗎？」改為「請問您現在方便嗎？」

將「現在到底是怎樣了？」改為「事情發展得如何？」

這不是做作、虛假，而是為工作加分。不僅「面對面」要注意社交禮儀，電話、簡訊、電子信函、網路社群等電子方式進行通訊時，因為快速及私密性差，更要注意應該表現的禮貌，避免不小心造成的錯誤。

五、人際衝突中的自我管理

人際衝突時要先改變自己，才可能帶動別人改變。具體做法為：

1. 先自我反省與認錯：「敬人者人恆敬之」，先反省自己是否不夠尊重別人？如果一再反思而「問心無愧」之後，就不用對別人的批評耿耿於懷。
2. 情緒上高度自我克制：意見不一致或有誤解時，要冷靜、控制情緒，避免對他人使用傷害性言詞與態度。
3. 更開闊的見解與胸襟：「得饒人處且饒人」、「人情留一線，日後好相見」，培養更多幽默感以降低衝突的引爆。
4. 區辨能否處理及改變：能處理的部分即盡力說服、協調，否則就要放下「剪不斷，理還亂」的恩恩怨怨。

六、避免與上司發生衝突

有些話是千萬別對主管說的「職場禁語」，如：

1. 「我沒辦法做！」要改為向主管解釋為什麼不能做。
2. 「今天我的身體狀況不好」。應盡量低調，萬一主管問起則誠實以

對，並表示不會耽誤工作進度。

3.「這不是我的錯，我的那一部分工作已經完成了」。要改為「我的部分已經做完了，如果需要我可以幫忙同事。」

4.「我和我以前的上司關係不好」。這麼說會讓主管擔心你在別人面前也這樣批評他。即使以前的主管不好，此時也儘量不要提起。

與上司溝通應注意下列（梁憲初，1996，頁201-202）：

1.要將上司的話簡略複誦，確認是否如此？若帶了筆記本，則可記下要點。

2.溝通時記得要維護上司的面子，就算有爭議也要將脾氣忍一忍，尤其不可在眾人面前讓上司難堪。

3.莫「功高震主」，就算工作都是自己完成的，功勞也應記在上司頭上，最少要讓上司有「指導」之功。

4.上司的上司有所查詢時，應避免「越級報告」。不能不回答時，最好報告一些本單位沒法解決的大事，如房間不夠要增蓋一間、預算不足要多撥一些。如此即使上司知道了，可能還會讚許你。

七、減少職場世代差異

職場上常見領導者與被領導、資深與資淺之間，存有「世代差異」的問題（generation gap），如下列（黃玲媚等譯，2007，頁415-417）：

1.對權威的看法：生長在比較寬容年代的年輕人，較會質疑主管甚至公開否定主管的決定，與昔日下屬對主管畢恭畢敬的態度大不相同。

2.對規定的看法：年輕的同事對於規定會視為不一定要遵循的建議，仍依自己對情境的理解來決定是否遵守，與昔日循規蹈矩的態度不同。

3.工作與休閒孰重的意見：年輕的同事較重視休閒活動，與昔日不斷
為工作打拚的態度不同。

4.科技能力：科技似乎是年輕同事與生俱來的某些部分，與昔日紙筆
的時代不同。

5.生涯發展：年輕的同事覺得成功的生涯依靠個人專業技能，所以視
不斷轉換工作為晉升手段，與昔日注重工作的穩定性與對企業的忠
誠度不同。

上個世代的同事較難理解與忍受年輕世代的某些地方，如：沒大沒
小、不喜歡別人對他下達命令、好辯解、難以承擔重任、動不動請假、以
私害公（尤其遇到愛情問題）。世代差異過大會產生衝突，所以世代間相
互理解與接納，也是「辦公室跨文化溝通」的功課。

伴君如伴虎

自古以來就有一種說法：「伴君如伴虎」，意思是：你想成為老闆的
心腹、左右手，以便於日後飛黃騰達，但也得有這等本事，以免過於靠近
老虎，反而成了犧牲品。

職場上，要貼近老闆的思維、符合老闆的心意，只要認真做好本職，
並不需要一直圍繞著主管。離老闆太近，是一把雙刃劍，容易放大你的優
點，但更容易放大你的弱點。

如果你是一位耿直的人，只要把工作目標調整到與老闆的要求接近，
把任務完成就是對老闆最大的忠誠，沒有必要非要成為老闆身邊的人不
可。做你不擅長的事情反而適得其反，特別是要遠離老闆的是是非非。

要想辦法把組織圖搞清楚，誰是做決定的人、誰的個性怎樣。基本上
就是要學會瞭解你的上司，怎樣與他共舞。如果老闆個性急，講話要講重
點。如果老闆要求高，工作表現就要非常好。若遇到非常踏實的主管，不

要讓他成為最後一個知道事情的人，最好凡事先報備；就算後面事情不怎麼樣，他都可以包容。總之，要瞭解每一個主管的特質，避免踩到他的地雷，瞭解他重視什麼、討厭什麼。

在一個公司上班的時候，瞭解老闆也是專業的一部分，要找到跟他相處的方法。不是因為他是老闆，也是希望配合把事情做好。不要誤解老闆的期待，然後做一個他不要的東西。要傾聽老闆到底需要什麼，達成他的期待甚至超出他的期待。要建立自己的價值，如果你每件事都做得很好，老闆自然會信任你，你要推動很多事情老闆會放心。但如果你每次都沒有達成使命，這樣的關係很難被建立。

不管面對的是老闆，還是公司內部小主管，我們在公事上都要給予對方尊重。有事情遇到困難，就要趕快跟老闆說。現在很多員工碰到問題都不跟老闆說，遮遮掩掩卻更加壞事。

老闆將公司內部狀況與許多心聲跟下屬講是不適當的，與員工在私下相處上得保持一段距離。重點是成為老闆的夥伴，與他一同創造業績和對公司做出貢獻，擁有自信心與視野是非常重要的。

八、性別工作平等

女性的工作能力與男性無異，甚至超越男性。但在生理上有些無法取代的差異，如：生理期的不適、懷孕生子哺乳等。如果女性決定產後繼續工作，正確的做法是（陳芬蘭譯，1995，頁126-128）：

做法一：你的老闆應該是辦公室裡第一個知道的人。

告訴老闆懷孕消息的同時，也把你的工作計畫一併報告，包括預定何時回來上班，是否要請育嬰假，以及詢問可否彈性上班等。希望老闆在

升遷時仍然考慮你，自己會以高績效證明足以託付重任。

做法二：只有當你的肚子很明顯了，才把懷孕的事告訴同事。

不要在辦公室一直訴苦，對於你的懷孕狀況愈不聲張、不影響大家的工作情緒，愈能維持你的專業形象。不要把工作推給別人，若因懷孕而身體情況欠佳，需要別人協助時可以提出請求。

做法三：不要一直提醒顧客你現在是個孕婦。

談公事時，不要提起懷孕的種種情況與感受，讓人誤以為你對工作厭倦、依賴別人，他們可能對你的工作態度不滿。

在你的「團隊合作」經驗中，舉出愉快及不愉快的事件各一個，並說明為什麼以及改善的方式。

第三節　服務倫理與品質保證

不論任何行業，與「顧客」的互動都是一種服務方式，服務時態度要注意哪些？

一、對顧客的服務品質調查

成功的服務一定要超越顧客的期待與想像（「物超所值」），不僅滿足顧客的需求，還讓顧客「驚喜」。所以成功的企業對於「顧客滿意」這部分「無所不用其極」，沒有自滿的一天。如《大學‧傳聞之二章》：「湯之盤銘曰：『苟日新，日日新，又日新。』……是故，君子無所不用其極。」

機構中的每個人都可能影響組織形象，若第一線服務人員「一問三不知」，不能盡力為顧客著想、靈活變通，這樣的員工毫無績效可言，將被AI（人工智能或機器人）取代。

2003年，《遠見雜誌》創全球媒體之先，選派神祕客跨行業評鑑第一線的服務表現。十多年來《遠見雜誌》始終堅持測量服務品質的唯一方式是消費者的實際感受，不似網路投票調查容易被品牌知名度、公司規模與既定印象左右。只抽測第一線員工，而且不公布調查時間，業者無從準備。因為《遠見雜誌》神祕客公正、客觀的專業判斷，使國內服務業幾乎一整年都處於備戰狀態，只為拿下台灣服務業的奧斯卡獎。

2015年，《遠見雜誌》第一線服務人員服務品質大調查（第十三年），從236家企業、17個業態選出服務冠軍。總結十七大服務業平均分數是55.86分，只比去年進步0.54分。受測236家企業或單位有四成九分數高於60分，有31家高於70分，甚至還有高達90分以上的企業（飯店及房仲），到店消費活動變成美好、愉悅的經驗。

2018年，第一線服務人員服務品質大調查（第十六年），聘請擁有國際知名驗證公司英特美（ITA）驗證執照的25位神祕客，在4月至9月之半年期間，拿著以基本態度為主、魔鬼題為輔的劇本，扮演一般消費者，走進電腦隨機取樣的580個營業據點，替275家企業的服務品質打分數。

　　「考驗第一線員工能否用心瞭解客人需求，並站在客人的角度回應」，神祕客被賦予任務，特別觀察第一線員工是否能在符合客人需求之外，多做一點點。調查結果，十九大業態平均66.53分，七成六的受測分數高於60分，其中四成高於70分，有一成為80分以上，最高分為92.5分。

　　各業態冠軍都做到「接軌服務」，除了回應客人需求，還能察覺客人沒說出的情緒，進一步安撫或讚美。「符合消費者期待」及「主動服務」就是細心觀察顧客反應，瞭解並滿足顧客期待（包括「售後服務」）。顧客通常直接「以腳投票」，所以企業必須知道顧客如何被吸引或嚇跑？

　　大學階段的打工雖不是正職人員或待遇較少，但好的企業對工讀生會一視同仁的要求與培訓。還是大學生的你，不論工讀或家教工作都算踏入職場，一定得「在乎」顧客的感受。

 ## 看看別人，想想自己

吳森統　台灣科技大學電子工程所博士

　　為什麼要學習「領導與溝通」？吳森統說：

　　碩士班畢業之後，我先去業界擔任電子工程師。後來選擇離職，繼續攻讀博士學位。我發現自己對教學有濃厚的興趣，於是在博士班四年級選擇「中等教育教師培訓學程」，希望有朝一日可以在教育界服務（目前已在虎尾科技大學專任）。

　　博士班一年級的下學期，看到淑俐老師開設「領導與溝通」這門課，抱著好奇心選了它。回想自己在職場上的人際相處，我能充分體會溝

通這項軟實力的重要。因為有太多機會需要團隊合作，或開會時表達自己的想法及尊重別人。

溝通稍有不慎，便可能樹立敵人。敵人多了，工作就容易碰釘子。反之，嘴巴甜一點、身段低一點，就會順暢許多。腦中很棒的點子或心情的喜怒哀樂，都須透過肢體、口語甚至細微的臉部表情、眼神，讓別人清楚接收。

淑俐老師在口語表達這方面，有相當豐富的實務經驗與教學資歷。她在課堂上常提醒我們，同樣一件事，說話的語氣和音量不同，都會改變聽者的感受與心情。

修完這門課之後，我將所學實際運用出來，果然皆大歡喜。一年多前，我購買的一個電子產品故障，但已超過保固期限，我只好碰碰運氣，打電話給原廠客服中心，詢問可否送修。一般來說，超過保固期限都須額外收費。當我和客服中心對話時，我並沒有批評產品的效能，反而讚賞該產品讓我在保固期間能正常使用，帶給我許多便利。接著才敘述產品的問題，並很客氣的詢問有否修好的可能。在客服中心留下客戶資料之後，放下電話前，我再度讚許該產品的優點以及完善的售後服務。

我將故障的商品寄回，幾天後，難以置信的事情發生了；廠商不但換了一個全新的產品給我，並且將來回的運費都自行吸收。這件事情給了我一些啟示，第一，站在廠商的角度，雖然犧牲了一台全新品，但是可讓客戶得到滿意的答案和圓滿的結果，何樂而不為？第二，站在消費者的角度，廠商積極的售後服務，讓客戶提升對該廠牌的信心，並使消費者願意持續購買甚至推薦給其他人。第三，或許我不需如此大費周章和客服中心投訴，但人都喜歡聽好話，若能透過良好的溝通，讓雙方都有圓滿的結果，這不是皆大歡喜嗎？

二、專業服務倫理之特性

服務人員的專業服務倫理具有下列特性（吳松齡，2007，頁346-351）：

1.穩定可靠性：服務態度、服務方式、問題處理與回應技巧、服務回應的標準、與顧客的互動交流，均應維持一定的水準。企業應有系統化教育訓練，並做相關查核考評。

2.接近接觸性：從與顧客的接觸開始，一直到完成服務為止，整個流程都要讓顧客感受有形及無形的服務。有形是指產品及設備，無形則是指顧客被尊重及真誠的對待。

3.溝通性：瞭解顧客真正的需求，提供完整的服務，使整個溝通的過程順暢。

4.專業性：以專業手法讓顧客體驗，允分掌握顧客的疑惑與不滿，設法讓顧客滿意。

5.禮貌性：從開始到完成，都要讓顧客感受企業的禮貌文化，這也是員工需要特別訓練的地方。

6.信賴性：企業及員工都要塑造出可信賴的形象。

7.回應性：接到顧客的任何需求、抱怨及建議時，都能依程序儘快回應。若非自己的職權範圍，則須向上呈報，並將結果向顧客回報。

8.安全性：不論有形或無形的服務，均以「安全第一」為首要。

9.有形性：將顧客對服務之感受與建議，轉化為下一次看得見的有形服務。

10.理解性：確認顧客基本或特定的需求，也就是更加瞭解顧客。

「顧客至上」並非指顧客無理取鬧也要屈就，而是「以人為本」，真誠地關心顧客，維護顧客的最大權益。萬一顧客誤解時，要冷靜應對。總之，要主動為客戶設想，及時或提早提供顧客所需的服務。

在你「被服務」的經驗中，曾遇過哪些「驚喜」？是否因此對該企業或產品的用心感到佩服，並會繼續光臨及推薦給別人？

參考書目

Super, D. E. (1976). *Career Education and the Meaning of Work: Monographs on Career Education*. Washington, DC: The Office of Career Education, USOE.

王淑俐（2008）。《會做人，才能把事做好》。台北市：三民。

王淑俐（2013）。《做人難‧不難——職場溝通的10堂講座》。台北市：三民。

王淑俐（2015）。《爬坡、越野、馬拉松--大學生的時間管理》。新北市：心理。

台灣精神醫學會譯（2014）。《精神疾病診斷準則手冊》（DSM-V）。新北市：合記。

安艾譯（2004）。蜜雪兒‧玻芭（Michele Borba）著。《MQ百分百——開發道德智商完全手冊》（*Building Moral Intelligence: The Seven Essential Virtues That Teach Kids to Do the Right Thing*）。台北市：光啟。

安凱利（2006）。《改變，做對的事》。台北市：大都會。

何定照（2013）。〈做出好東西，社企堅持就能生存〉。《聯合報》，2013年2月4日，D4版。

余秋雨（1998）。〈學習就像煉丹〉。《講義雜誌》，135期，6月號。摘自余秋雨《余秋雨的台灣演講》一書。

吳文良（2012）。〈8傑出校友，真理大學表揚〉。《聯合報》，2012年12月2日，B2版。

吳松齡（2007）。《企業倫理——開創卓越的永續經營磐石》。台中：滄海。

吳淑君（2013）。〈創創新村，吸引創業青年參訪〉。《聯合報》，2013年2月4日，A9版。

吳琬瑜、張漢宜（2008）。〈你的未來，決戰早晨〉。《天下雜誌》，第390期，2008年2月4日。

吳寶春、劉永毅（2010）。《柔軟成就不凡》。台北市：寶瓶。

宋偉航譯（2012）。東尼‧華格納（Tony Wagner）著。《教出競爭力：劇變未來，一定要教的七大生存力》。台北市：方言文化。

李青霖（2012）。〈蘇格貓底，理工校園人文據點〉。《聯合報》，2012年9月1日，A15版。

李家同（2006）。〈不分系…十八般武藝 無一精通〉。《聯合報》，2006年11月15日，A15版。

李家同（2007）。〈太陽下山，回頭看〉。《聯合報》，2007年12月22日，E3版。

李家同（2008）。〈人類面臨的重大問題〉。《聯合報》，2008年1月29日，A8版。

李開復（2006a）。《做最好的自己》。台北市：聯經。

李開復（2006b）。《做21世紀的人才》。台北市：聯經。

李瑞玲等譯（1998）。丹尼爾‧高曼（Goleman, D.）著。《EQⅡ：工作EQ》。台北市：時報。

村上龍（2013）。〈給13歲的未來指南〉。《聯合報》，2013年1月13日，D4版。

狄英等（2005）。〈郭台銘：經營者信任五角大廈〉。《天下雜誌》，324期，頁126-132。

周啟東、黃玉禎（2009）。〈成功總裁給年輕人的一堂課〉。《今週刊》，641期，4月號。

林芳兒譯（2006）。西田文郎著。《幸運的人想的都一樣》。台北市：方智。

林徐秀清（2014）。老闆到底要什麼？新北市：創見文化。

邵虞譯（2001）。伯尼‧西格爾（Bernie S. Siegel）著。《愛‧醫藥‧奇蹟》。台北市：遠流。

宣明智（2008）。〈給社會新鮮人的十封信──第二封：宣明智：誰是你的老闆？你自己〉。《聯合報》，2008年6月24日，A4版。

洪蘭譯（2010）。Brad Cohen & Lisa Wysocky著。《站在學生前面──妥瑞氏症教我成為我夢寐以求的好老師》（*Front of the Class: How Tourette Syndrome Made Me the Teacher I Never Had*）。台北市：遠流。

孫曉卿譯（1999）。Michael LeBoeuf著。《別當打卡的豬》。台北市：正元。

徐旭東（2012）。〈我心之憂，現在，什麼才重要？〉。《聯合報》，2012年12月13日，A21版。

殷文譯（2005）。柯維（Covey, S. R.）著。《第八個習慣》。台北市：天下。

高仁君、夏心怡譯（2004）。漢南（Heenan, D.）著。《雙料生涯》（*Double Lives*）。台北市：藍鯨。

張芬芬（2019）。〈素養…融會貫通的活知識〉。《聯合報》，2019年8月20日，A12。

張美惠譯（1995）。布里吉斯（Bridges, W.）著。《新工作潮》（Jobshift）。台北市：時報。

張美惠譯（1996）。丹尼爾‧高曼（Goleman, D.）著。《情緒智商》。台北市：時報。

張美惠譯（2005）。湯姆‧雷斯（Tom Rath）、唐諾‧克里夫頓（Donald Clifton）著。《你的桶子有多滿——樂觀思想的神奇力量》。台北市：商智。

張禮文（2005）。窮人與富人的距離0.05mm。台北市：海鴿。

曹姮、江世雄、王昱婷譯（2013）。村上龍著。《新工作大未來：從13歲開始迎向世界》。台北市：時報。

曹姮、江世雄譯（2007）。村上龍（Ryu Murakami）著。《工作大未來——從13歲開始迎向世界》。台北市：時報。

梁憲初（1996）。《溝通萬歲》。台北市：遠流。

莊立民編譯（2006）。Archie B. Carroll & Ann K. Buchholtz著。《企業倫理》。新北市：全華總經銷。

許芳宜、林蔭庭（2008）。《不怕我和世界不一樣》。台北市：天下。

連雪雅譯（2006）。杉山美奈子監修。《不冷場！人氣王的說話祕訣50招》。台北市：三采文化。

陳芬蘭譯（1995）。包德瑞奇（Baldrige, L.）著。《商業社交禮儀》。台北市：智庫。

陳健倫（2007）。〈職場專欄〉。《聯合報》，2007年8月6日，聯合人力網。

陳智弘（1999）。《生命是一場豐富之旅》。台北市：遠流。

陳智華（2012）。〈我大學生多益平均557分，不具國際競爭力〉。《聯合報》，2012年10月21日，A3版。

陳智華（2012）。〈被數學打敗，她靠漫畫揚威國際〉。《聯合報》，2012年4月13日，AA4版。

陳錦輝譯（2002）。美國預防雜誌主編。《憂鬱症自我療癒手冊》。台北市：遠流。

陳靜宜（2013）。〈鼎泰豐店長過九關、磨十年，口氣口條有一套〉。《聯合報》，2013年1月30日，A10版。

陶曉嫚（2012）。〈知識經濟時代，學而優則「創」！〉。《工業技術與資訊月刊》，7月號。

游欣慈譯（2003）。一行禪師（Thich Nhat Hanh）著。《你可以不生氣——佛陀的最佳EQ處方》。台北市：橡樹林。

馮克芸（2012）。〈幻滅青春，全球7500萬青年失業〉。《聯合報》，2012年5月23日，頭版。

黃玲媚等譯（2007）。《人際關係與溝通》。台北：前程。

楊欣潔（2012）。〈十大死因，6成與生活習慣差有關〉。《聯合報》，2012年12月16日，A8版。

楊振富、潘勛譯（2005）。佛里曼（Friedman, T. L.）著。《世界是平的》。台北市：雅言。

楊竣傑（2019）。〈這樣做，好工作入手〉。《Cheers雜誌》，158期，頁27-31。

溫世仁（2004）。《供過於求的世界》。台北市：天下。

廖珮妤（2013）。〈不怕粗活寂寞，31歲當上女船長〉。《聯合報》，2013年1月31日，AA4版。

管中琪譯（2001）。柏寶‧薛佛（Bodo Schafer）著。《我十一歲，就很有錢》。台北市：高寶。

劉原超等（2006）。《企業倫理》。新北市：全華。

劉源俊（2015）。〈為現代德性教育訂綱領〉。《臺灣教育評論月刊》，4（1），頁91-93。

歐陽端端譯（2013）。Goleman, D.著。《情緒競爭力UP》。台北市：時報。

鄭石岩（2007）。《身教》。台北市：遠流。

鄭語謙（2011）。〈阿基師談工作「最忌功高震主」〉。《聯合報》，2011年9月16日，A6版。

諶攸文、侯秀琴譯（2004）。隆‧克拉克（Ron Clark）。《優秀是教出來的》（*The Essential 55: An Award-Winning Educator Rules for Discovering the Successful Student in Every Child*）。台北：雅言。

羅耀宗等譯（2004）。李克特（Richter, F.）、馬家敏（Mar, P. C. M.）著。《企業

全面品德管理》。台北市：天下。

顧淑馨譯（2005）。史帝芬‧柯維（Stephen R. Covey）著。《與成功有約》。台北市：天下。

顧淑馨譯（2014）。史帝芬‧柯維（Stephen R. Covey）著。《與成功有約》（第八版）。台北市：天下。

心理學叢書

生涯發展與規劃——為職涯發展做準備

作　　者／王淑俐
封面暨內文插畫／胡鈞怡
出 版 者／揚智文化事業股份有限公司
發 行 人／葉忠賢
總 編 輯／閻富萍
特約執編／鄭美珠
地　　址／新北市深坑區北深路三段 258 號 8 樓
電　　話／02-8662-6826
傳　　真／02-2664-7633
網　　址／http://www.ycrc.com.tw
　E-mail ／service@ycrc.com.tw
　I S B N ／978-986-298-337-9
初版一刷／2009 年 4 月
四版一刷／2020 年 4 月
定　　價／新台幣 320 元

國家圖書館出版品預行編目（CIP）資料

生涯發展與規劃：為職涯發展做準備／王淑俐
著. -- 四版. -- 新北市：揚智文化, 2020.04
面； 公分. --（心理學叢書）

ISBN 978-986-298-337-9（平裝）

1.生涯規劃

192.1   108022912